Birgitta
Mogge-Stubbe | Hg.

GEWALT MACHT
keine
SCHULE

Birgitta
Mogge-Stubbe | Hg.

GEWALT MACHT

Ursachen
Sensibilisierung
Gegenstrategien

keine

SCHULE

OLZOG

Die Deutsche Bibliothek - CIP-Einheitsaufnahme

GEWALT MACHT keine SCHULE :
Ursachen, Sensibilisierung, Gegenstrategien /
Birgitta Mogge-Stubbe (Hg.). - München : Olzog, 2002
ISBN 3-7892-8112-3

ISBN 3-7892-8112-3
© 2002 Olzog Verlag GmbH, München
Besuchen Sie uns im Internet: http://www.olzog.de

Umschlagentwurf: Gruber & König, Augsburg
Satz: Fotosatz H. Buck, Kumhausen
Druck- und Bindearbeiten: Ebner & Spiegel, Ulm
Printed in Germany

Inhalt

Vorwort 11

I Gewalt – was soll das?!

BIRGITTA MOGGE-STUBBE
Junge Generation: von aggressiv bis null Zoff 15

Interview mit CHRISTIAN PFEIFFER,
Justizminister in Niedersachen
Brutale Kids?
Die Alltagserfahrung übertrifft die Statistiken: Kriminelle Delikte wie Raub, Erpressung und sexuelle Gewalt sind unter Jugendlichen weit verbreitet. Wegschauen ist falsch. Anerkennung
übler Taten ebenfalls. Nicht nur Eltern und Pädagogen müssen
schon bei Kleinigkeiten reagieren. Nötig sind mehr Zivilcourage im Alltag und konkretes Handeln. 19

ASTRID PRANGE
Krach in der Keimzelle
Wohlstand ist nicht gleichbedeutend mit menschlicher Wärme.
Wo Zeit und Zuwendung für Kinder fehlen, wächst die Bereit-
schaft zur Gewalt. Die meisten jungen Leute wünschen sich
eine intakte Familie. 25

II Anspruch auf Erziehung

MICHAEL RUTZ
Verwahrloste Jugend
Die Morde von Erfurt weisen auf ein Grundproblem unserer Gesellschaft hin: Sie nimmt sich nicht ausreichend Zeit für ihre
Kinder. Die sorgsame Erziehung der nachwachsenden Generation muss wieder in ihr Recht gesetzt werden. Schnellrezepte
haben derzeit Konjunktur. Sie greifen aber zu kurz. 33

JOSEF KRAUS
Jetzt wird geheuchelt
Immer, wenn die Gesellschaft eine Lücke in Erziehung und
Wertevermittlung entdeckt, soll die Schule sie stopfen. Der bes-
te Unterricht etwa zum kritischen Umgang mit Medien nutzt
aber nichts, wenn Familien und Öffentlichkeit nicht mitziehen. .   37

GERALD HÜTHER
Zuwendung ist der wichtigste Erzieher
Hirnforschern und Entwicklungspsychologen konnten in den
letzten zehn Jahren nachweisen, welch nachhaltigen Einfluss
frühe Bindungserfahrungen darauf haben, wie und wofür ein
Kleinkind sein Gehirn benutzt. Außerdem haben sie herausgefunden, dass das Gehirn während der gesamten Jugendphase
durch die Art seiner Nutzung „programmiert" wird.   42

JOSEF KRAUS
Nur Cola im Bauch
Nicht allein die Lehrer sind für den Schulerfolg von Kindern
und Jugendlichen verantwortlich. Bildungsoffensiven brauchen
die Mitarbeit der Eltern.   46

HERMANN HORSTKOTTE
Ausweg nicht garantiert
Die Veranlagung zur Gewalttätigkeit zeigt sich oft schon in der
frühen Kindheit. Meist wird sie aus falscher Elternliebe zu spät
ernst genommen. Die Jugendpsychiatrie des Universitätsklinikums in Frankfurt am Main bietet eine „Aggressions-Sprechstunde" als Soforthilfe in Extremfällen an.   51

CHRISTIAN HANEDER
Starke Eltern, starke Kinder
Auch in „normalen" Familien kommt es zu Gewalt. Kurse
helfen Eltern, negative Muster aufzugeben.   56

BIRGITTA MOGGE-STUBBE
„Ich knall euch ab!"
Littleton und Erfurt können sich überall wiederholen, solange
Desinteresse, Mobbing und banale Äußerlichkeiten den Schul-
alltag beherrschen. Der amerikanische Erfolgsautor Morton
Rhue („Die Welle") hat das Problem in seinem neuen Jugendro-
man beschrieben. Bopparder Gymnasiasten setzen sich mit dem
Buch und ihren Erfahrungen auseinander. 60

FRANK KEIL
Vom Schnuller bis zur Pickelcreme
Wer mit Kindern zu tun hat, kommt an den Vorträgen und
Büchern des Pädagogikgurus und Bestsellerautors Jan-Uwe
Rogge nicht vorbei. 65

III Die Rolle der Medien

ANDREAS ÖHLER
In der Bilderfalle
Nach Erfurt muss die Fernsehkultur neu überdacht werden. Die
Instrumentalisierung der Trauer ist ein Lehrstück über die gegen-
seitige Abhängigkeit von Politik und Kameras. 73

TILMANN P. GANGLOFF
Der Kampf zwischen Gut und Böse
Zu viel Actionfilme und Computerspiele? Zu viel Gewalt? Wie
Kinder damit umgehen, hängt stark von ihren Erfahrungen in
Familie und Umfeld ab. 77

WOLFRAM KNORR
Reif für die Insel
Seit Erfurt stehen Computerspiele unter Generalverdacht. Aber:
„Civilization 3" oder „Port Royal" sind gehobene Pixelkunst.
Ballern kann der Spieler dabei vergessen. Er kämpft gegen das
Programm. 81

GABRIELE KUBY
Bilder des Bösen
Kinder suchen das Verbotene. Sie wollen Grenzen überschreiten. Aber wohin, wenn in ihrer Welt alle Schranken eingerissen sind? 87

IV Tu was!

BERNHARD MOGGE
Und alle sind Gewinner
Streitschlichtung in der Schule macht sich bezahlt. Die Zahl der Ausbildungsangebote für Lehrer und Jugendliche wächst. 95

HERMANN HORSTKOTTE
Zoff zivilisiert beilegen
Ein Klima schaffen, in dem Gewalt keine Attraktion mehr hat – diese Herausforderung rückt ins Zentrum der Schulpädagogik. Wichtig ist das enge Zusammenwirken von Schule, Jugendamt und Polizei. 101

JOSEF KRAUS
Nur ein Feigling tritt zu
Schule gegen Gewalt: Pädagogisches Handeln schließt Sanktionen ein. Das akzeptieren immer mehr Schüler. Sie halten sich an Verträge mit Lehrern und Eltern. 106

BERNADETTE DENZINGER
Kampf den Krawallern
Buslotsen: Jugendliche sorgen für mehr Sicherheit und Ordnung an den Haltestellen und im Schulbus. 110

PETER MAURER und BIRGITTA MOGGE-STUBBE
Dinger drehen
Schulschwänzen wird zum sozialen Problem. Jeden Tag kommen mindestens 100.000 Kinder nicht zum Unterricht. Nur allzu schnell geraten sie auf die schiefe Bahn. Das Nürnberger Projekt

„Schulschwänzen", das Schulamt und Polizei gemeinsam im Rahmen eines Sicherheitspaktes entwickelt haben, hat sich bewährt. Inzwischen nutzen viele Städte das Konzept. 112

BERNHARD MOGGE
Einfach dumm
Sind Braunäugige klüger als Blauäugige? Wie Vorurteile funktionieren, erklärt ein Workshop über Rassismus. Dabei erfahren Schüler Diskriminierung am eigenen Leib – als Opfer und als Täter. 119

V Vorbild Ausland?

JUTTA FALKE
Schlachtfeld Schule
Amerikanische Reporter müssen nur allzu oft über Gewalt an Schulen in den USA berichten. Doch was im April 2002 am Gutenberg-Gymnasium in Erfurt geschah, hat sie sprachlos gemacht. 127

MECHTILD KOSTAMOINEN
Netzwerk gegen Gewalt
An Finnlands Schulen gibt es wenig physische Gewalt, aber die psychische Gewalt nimmt zu. Umso wichtiger ist ein breites Angebot professioneller Hilfe. 131

HEIKE KREUTZ-ARNOLD
Endstation für Rowdys
Brutale Kids? Von den guten Sitten an britischen Schulen ist nicht viel übrig geblieben. Die Labour-Regierung hat sich entschlossen, einen harten Kurs zu fahren. Jetzt gehen Schulen und Polizei gemeinsam gegen Schwänzer und gewalttätige Jugendliche vor. 134

VI Rechte Gewalt – Feindschaft gegen Fremde

VOLKER THOMAS
Nicht nur die üblichen Verdächtigen
Bei Rechtsextremismus greifen klischeehafte Erklärungen zu
kurz. Meinungsklima und persönliche Bedingungen bringen
Jugendliche auf den falschen Weg. 141

MARC-CHRISTOPH WAGNER
Brandgefährliche Mischung
Keine Chance dem Rechtsextremismus: Lokale Jugendarbeit
muss das radikale Umfeld aufbrechen. Bund, Länder und Kommunen fördern entsprechende Programme. Doch wenn sie wirklich etwas nützen sollen, müssen sie langfristig angelegt werden. 145

PAUL SCHWARZ
Nie wieder prügeln
Sozialtherapie statt Knast: In Landau hilft ein schwarzer Erzie-
her gewaltauffälligen Jungen beim Ausstieg aus der Skinhead-
Szene. 149

Literatur 153

Nützliche Adressen 157

Die Autoren 159

Vorwort

Gewalt ist für Kinder und Jugendliche kein Fremdwort. Im Gegenteil. Familie, Schule, Clique waren noch nie stress- und aggressionsfreie Räume. Aber, und das belegen alle neueren Statistiken, Ausmaß und Qualität von Gewalt haben sich verändert. Diebstähle, Sachbeschädigungen, Körperverletzungen, Drogenkriminalität nehmen zu, Mobbing und Erpressung werden von immer mehr Jugendlichen geradezu routiniert betrieben. Die Gewerkschaft der Polizei stellt denn auch „erschreckende Verhaltensauffälligkeiten von Kindern, Jugendlichen und jungen Erwachsenen in der Öffentlichkeit" fest.

Trotzdem – oder wohl gerade deshalb – wachsen in der Gesellschaft Unbehagen und Abwehr, das eigene Verhalten von Mobbern und Zoffern bestimmen zu lassen. Mehr Menschen als je zuvor trauen sich, Anzeige zu erstatten oder Hilfe zu erbitten, wenn sie Opfer einer physischen oder psychischen Gewalttat geworden sind. Und immer mehr Menschen trauen sich zu, selber aktiv zu werden. Zivilcourage ist zu einem Leitwort bürgerlichen und schulischen Engagements geworden.

Ob in der Stadt oder im Viertel, in der Schule, der Jugendarbeit oder der Gemeinde – es gibt Hunderte von Aktionen und Aktivitäten, von Trainingsangeboten, Projekten und Initiativen gegen Mobbing und Gewalt, gegen Intoleranz und Duckmäusertum. Wir wollen mit diesem Buch Exempel statuieren, das heißt beispielhaft zeigen, wie und wann eine Schule oder eine Familie, eine Gruppe oder der Einzelne brenzlige Situationen entschärfen und das Klima so verändern kann, dass Aggressionen unattraktiv werden. Streitschlichter und Buslotsen haben sich im Schulalltag längst positiv bewährt; die Kooperation von Schule, Polizei und Jugendamt empfiehlt sich nicht nur bei Problemen mit Schulschwänzern und Dealern; in Schulverträgen verpflichten sich Schüler, Eltern und Lehrer auf eine neue Schulkultur; bei Workshops gegen Rassismus und Vorurteile erfahren die Teilnehmer an sich selbst, was Intoleranz bedeutet; in Unterrichtsprojekten erkennen die Schüler die Mechanismen von Vorurteilen und Ausgrenzung und entwickeln eigene Gegenstrategien.

Viele praktische Beispiele sind gut, doch eine theoretische Unterfütterung macht sie noch besser. Deshalb haben wir auch nach den Ursachen und den aktuellen Bedingungen für die Zunahme und Brutalisierung der Jugendkriminalität gefragt. Die meisten Antworten sind leider altbekannt: Es fehlt an Geborgenheit und konsequenter werteorientierter Erziehung im Elternhaus; die Schule ist (noch) allzu oft Aufbewahr- und Lernanstalt denn Lebensort; die Gesellschaft – vom Politiker bis zum „Normalbürger" – bietet zu viele negative Vorbilder; Kinder und Jugendliche werden vor den Gefahren der (neuen) Medien nicht ausreichend geschützt.

Indes verharren wir nicht beim Konstatieren, sondern berichten über Fort-Schritte, etwa in der neurobiologischen Forschung, im Erziehungsverständnis der Eltern, in der Öffnung der Schulen, im Engagement der Bürger, im neuen positiven Selbstbewusstsein der Kinder und Jugendlichen.

Die Beiträge dieses Buches sind im „Rheinischen Merkur" erschienen, sie wurden aktualisiert und mit praktischen Hinweisen ergänzt. Auslöser war der Amoklauf des Erfurter Schülers Robert Steinhäuser am 26. April 2002. Wie konnte ein junger Mensch so total vereinsamen? Wie konnte er sich, offenbar unbemerkt von Familie, Schule und Freizeitclub, in eine innere Welt voll Hass und Zerstörung zurückziehen? Seine Tat hat die Labilität unseres Verantwortungsbewusstseins für die Gemeinschaft brutal deutlich gemacht.

Mein Dank gilt allen, die sich engagiert dafür eingesetzt haben, dass dieses Buch zustande kommen konnte.

Bonn, im Oktober 2002   BIRGITTA MOGGE-STUBBE

I
Gewalt – was soll das?!

Die große Mehrheit der Jugendlichen ist gegen reale Gewalt. Trotzdem ist sie ein gravierendes Problem im Schulalltag, in der Familie, in Cliquen, auf der Straße. Mobbing, Abzocken und Abziehen, Prügel, Vandalismus – viel zu oft wird ein Mensch körperlich und/oder seelisch verletzt. Das beste Gegenmittel ist eine „Kultur des Hinschauens". Also wahrnehmen, was passiert, und eingreifen oder Hilfe holen. Die richtigen Verhaltensweisen lassen sich trainieren.

BIRGITTA MOGGE-STUBBE

Junge Generation:
von aggressiv bis null Zoff

Ein widersprüchliches Bild: Einerseits steigt die Zahl jugendlicher Straftäter vor allem bei Delikten wie Körperverletzungen
und Drogen, andererseits setzt – so die im Juni 2002 präsentierte Jugendstudie „Null Zoff & voll busy" wie auch die Shell
Jugendstudie 2002 – die Mehrzahl der Zehn- bis 18- bzw. 25-
Jährigen wieder auf persönliche Vorbilder wie die Eltern oder
Sportler.

Laut polizeilicher Kriminalstatistik für 2001 sind 7,3 Prozent
(245.746) der deutschen Jugendlichen und 2,3 Prozent (111.276)
der deutschen Kinder strafverdächtig; auch 53.237 nichtdeutsche
Jugendliche und 24.769 nichtdeutsche Kinder wurden als strafverdächtig registriert. Das Gros der Delikte waren Ladendieb-
stähle (Kinder: 69.099 Taten, Jugendliche: 79.906) und Körperverletzung (Kinder: 18.440, Jugendliche: 54.905). Die Drogenkriminalität hat zugenommen; so ist etwa die Zahl der erstmals
auffälligen Ecstasy-Konsumenten um elf Prozent gestiegen. Eine
Wiener Studie zum Suchtverhalten Jugendlicher ergab, dass 92,8
Prozent der 2000 befragten Gymnasiasten Erfahrungen mit Drogen hatten.

Das Ausmaß von Jugendkriminalität belegt beispielsweise
auch der Jugendhilfe-Bericht 2001 des Kreises Pinneberg. Danach erhöhte sich etwa die Zahl der von Jugendlichen begangenen
Körperverletzungsdelikte von 156 auf 205, durchschnittliches
Tatalter sind 18 Jahre. Der Anteil der Mehrfachbeschuldigten
steigt, der von Ausländern ebenfalls. Auch Schleswig-Holstein hat
beunruhigende Daten veröffentlicht. Laut Staatsanwaltschaft

nimmt die Zahl der Gewaltdelikte bei 14- bis 21-Jährigen deutlich zu: Im Jahr 2001 gab es mehr als 8000 Ermittlungsfälle, drei Jahre zuvor waren es noch rund 5600. Die Zahl der Drogenvergehen vervierfachte sich innerhalb von zehn Jahren von 1000 auf 4000 Fälle.

Die Gewerkschaft der Polizei stellt „erschreckende Verhaltensauffälligkeiten von Kindern, Jugendlichen und jungen Erwachsenen in der Öffentlichkeit fest. Verbaler und körperlicher Gewalt wird", so eine Mitteilung vom 3. April 2002, „kaum noch Einhalt geboten, selbst wenn Erwachsene in der Nähe sind." Und polizeiliche Maßnahmen „finden oft nicht den notwendigen gesellschaftlichen und politischen Rückhalt".

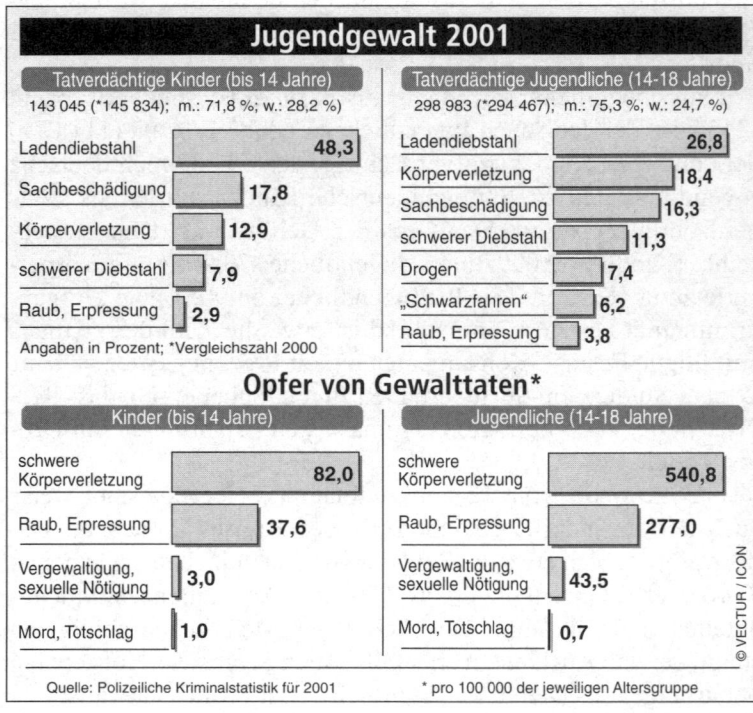

Jugendgewalt 2001

Tatverdächtige Kinder (bis 14 Jahre)
143 045 (*145 834); m.: 71,8 %; w.: 28,2 %

Ladendiebstahl	48,3
Sachbeschädigung	17,8
Körperverletzung	12,9
schwerer Diebstahl	7,9
Raub, Erpressung	2,9

Angaben in Prozent; *Vergleichszahl 2000

Tatverdächtige Jugendliche (14-18 Jahre)
298 983 (*294 467); m.: 75,3 %; w.: 24,7 %

Ladendiebstahl	26,8
Körperverletzung	18,4
Sachbeschädigung	16,3
schwerer Diebstahl	11,3
Drogen	7,4
„Schwarzfahren"	6,2
Raub, Erpressung	3,8

Opfer von Gewalttaten*

Kinder (bis 14 Jahre)

schwere Körperverletzung	82,0
Raub, Erpressung	37,6
Vergewaltigung, sexuelle Nötigung	3,0
Mord, Totschlag	1,0

Jugendliche (14-18 Jahre)

schwere Körperverletzung	540,8
Raub, Erpressung	277,0
Vergewaltigung, sexuelle Nötigung	43,5
Mord, Totschlag	0,7

© VECTUR / ICON

Quelle: Polizeiliche Kriminalstatistik für 2001   * pro 100 000 der jeweiligen Altersgruppe

Erschreckend ist die Lässigkeit, mit der Jugendliche stehlen, erpressen, verletzen, töten. Den Mord an seiner Großmutter, Ende Mai 2002, begründete ein 15-Jähriger aus Ahaus damit, dass ihn die Oma „genervt" habe. Anfang Juni beschloss ein 17-Jähriger aus Nantes, den Horrorfilm „Scream" zu realisieren und „jemanden zu töten"; das Opfer: seine Freundin. Ende August 2002 erstach in Heppenheim eine 15-Jährige einen wenig älteren Jungen, mit dem sie auf einer Party in Streit geraten war; die Waffe: ein Steakmesser, das sie sich während des Streits aus der Küche geholt hatte. Zwei Jahre zuvor hatten drei Mädchen in Norditalien eine Nonne erstochen, weil sie „einmal etwas Besonderes machen wollten".

Einmal auffallen: Das eskaliert im Extremfall in Morden wie in Meißen, Brannenburg und Erfurt, in Littleton und Jonesboro; und es führt zu Gasanschlägen wie in Essen oder München; auch mit Attentatsdrohungen wie in Varel, Köln und Witten ist dann zu rechnen. Der Wittener Gymnasiast, der drei Tage nach dem Blutbad in Erfurt, also am 29. April 2002, seiner Schule ein ähnliches Massaker androhte, wollte endlich einmal ernst genommen werden: sich endlich für dauernde Hänseleien rächen. „Aber es war nur ein Spruch", erklärte er vor Gericht. Das verhängte eine hilfreiche Strafe: Der 18-Jährige muss 100 Sozialstunden leisten, eine professionelle Betreuung und eine Psychotherapie machen.

Indes: Solche aggressiven Verhaltensweisen passen so gar nicht zum Selbstbild der neuen Generation, das der Siegener Jugendforscher Jürgen Zinnecker in der Null-Zoff-Studie dokumentiert. Die Mehrheit der 8000 Jugendlichen, die er im Herbst 2001 befragte, lehnt Gewalt eindeutig ab. Sogar Schule schwänzen ist out. In ist dagegen, optimistisch in die eigene Zukunft zu blicken und sich für die Familie zu engagieren. Das Motto dieser Generation zeigt aber auch ängstliche Unsicherheit: „Man sollte sein Leben leben und froh sein, wenn man nicht von außen belästigt wird."

Auch die 14. Shell Jugendstudie, die im August 2002 vorgestellt wurde, zeichnet ein optimistisches Bild. Die meisten der

2500 Befragten zwischen zwölf und 25 Jahren – eine repräsentative Stichprobe – hält es für sehr wichtig, „auch solche Meinungen zu tolerieren, denen man eigentlich nicht zustimmen kann". Das klingt ganz anders als das „Deutschland den Deutschen" rechtsorientierter Gruppen. Allerdings: So grenzenlos offen und unverbindlich formuliert tendiert die aktive individuelle Toleranz gegen Null. Das zeigt sich auch daran, dass die Jugendlichen es für weniger wichtig erachten, „sozial Benachteiligen und gesellschaftlichen Randgruppen zu helfen", also aktiv einzugreifen. Hingegen ist die persönliche Leistungsbereitschaft der heutigen Jugend höher als noch vor zwei, zehn oder fünfzehn Jahren. Fleiß und Ehrgeiz setzen 75 Prozent der Befragten oben auf ihre Agenda – in der zweiten Hälfte der achtziger Jahre taten dies 62 Prozent. Umgekehrt hält die junge Generation eher wenig von Politik; jedenfalls bezeichnen sich derzeit nur 34 Prozent der Jugendlichen als politisch interessiert, vor elf Jahren sagten das 57, vor zwei Jahren immerhin noch 43 Prozent.

Das passt durchaus zum aktuellen Erscheinungsbild, das die Jugendforscher ausgemacht haben. Danach lässt sich die Jugend 2002 in vier ungefähr gleich starke Gruppen einteilen: „selbst ernannte Macher", „pragmatische Idealisten", „robuste Materialisten" und „zögerliche Unauffällige".

weitere Informationen:
www.bka.de
www.presseservice.nrw.de
www.shell-jugendstudie2002.de

Literaturtipps:
Jürgen Zinnecker, Null Zoff & voll busy
Jugend 2002. 14. Shell Jugendstudie

Interview mit

CHRISTIAN PFEIFFER
Justizminister in Niedersachsen

Brutale Kids?

Die Alltagserfahrung übertrifft die Statistiken: Kriminelle Delikte wie Raub, Erpressung und sexuelle Gewalt sind unter Jugendlichen weit verbreitet. Wegschauen ist falsch. Anerkennung übler Taten ebenfalls. Nicht nur Eltern und Pädagogen müssen schon bei Kleinigkeiten reagieren. Nötig sind mehr Zivilcourage im Alltag und konkretes Handeln, verlangt der niedersächsische Justizminister Professor Christian Pfeiffer. Der ehemalige Direktor des „Kriminologischen Forschungsinstituts Niedersachsen" ist Initiator der „Bürgerstiftung Hannover", die unter anderem Projekte zur Prävention von Jugendkriminalität organisiert und finanziert.

BIRGITTA MOGGE-STUBBE: Herr Minister, was ist Gewalt?

CHRISTIAN PFEIFFER: Die Kriminologie fasst unter Gewalt besonders schwere so genannte Gewaltdelikte zusammen, also gefährliche Körperverletzungen, Vergewaltigungen und schwere Formen sexueller Nötigung, Mord- und Totschlagdelikte und Raubdelikte. Minder schwere Formen wie Nötigung oder eine normale Schlägerei mit Fäusten gehören nicht dazu.

Gibt es eine spezielle Jugendgewalt?

Das Besondere an ihr ist, dass sie – im Unterschied zu der von über Dreißigjährigen ausgeübten Gewalt – seit Mitte der achtziger Jahre geradezu dramatisch angestiegen ist. Auch das Risiko,

Opfer einer solchen Tat zu werden, hat sich bei Jugendlichen etwa verdrei- bis vervierfacht.

Da gibt es gegenteilige Meinungen. Einige Ihrer Kollegen sagen, dass Jugendgewalt nicht gestiegen ist, sondern dass wir sie heute nur aufmerksamer wahrnehmen als früher.

Wir nehmen sie nicht nur aufmerksamer wahr, wir nehmen sie überhaupt erst wahr, weil immer mehr Menschen, die Opfer einer Gewalttat werden, Anzeige erstatten. Die Masse der Jugendgewaltdelikte bleibt aber gewissermaßen wie ein Eisberg unter der Wasseroberfläche.

Was ist etwa mit Jackenklau und Gelderpressung?

Seit 1998 registrieren wir weniger Jackenklau, weniger Gelderpressung, weniger Raubdelikte, weniger Zuschlagen mit Waffen. Wir können benennen, woher das kommt. Erstens: Die Kultur des Hinschauens an den Schulen wächst. Das Kriminologische Forschungsinstitut Niedersachsen hat in den Jahren 1998 und 2000 rund 30.000 Jugendliche gefragt, was an ihrer Schule geschieht, wenn auf dem Schulhof geprügelt wird. Im Jahr 2000 war die Schulkultur signifikant besser als zwei Jahre zuvor. Das hängt einmal mit der verstärkten Ausbildung von Lehrern und Schülern zu Konfliktlotsen zusammen, aber auch mit den vielen Schulaktivitäten, in denen soziales Lernen vermittelt wird. Die Ächtung von Gewalt hat spürbar zugenommen.

Zweitens: Die Anerkennung für Gewalt ist gesunken. Wir haben die Jugendlichen auch gefragt, wie ihre Eltern und Freunde reagieren würden, wenn sie auf dem Schulhof jemanden zusammengeschlagen hätten. Im Jahr 2000 rechneten nur 17 Prozent der Jungen mit einem Lob der Väter, zwei Jahre zuvor waren es noch 25 Prozent; Anerkennung von Gleichaltrigen erwarteten 45 Prozent, davor waren es gut 60 Prozent.

Drittens: Die innerfamiliäre Gewalt nimmt ab. Die Jugendlichen gaben bei der 2000er Umfrage weit seltener an, im Jahr zuvor von den Eltern geohrfeigt, übers Knie gelegt, massiv geprügelt oder misshandelt worden zu sein.

Gilt das für alle Bevölkerungsschichten?

Ja. Allerdings ist festzustellen, dass die Tendenz zu gewaltfreier Erziehung am stärksten bei den deutschen Eltern ausgeprägt ist. Sie haben verstanden, dass sich Prügel auf die Psyche und damit auf die schulischen Leistungen auswirken. Bei den Eltern von türkischen Jugendlichen und bei Aussiedlerfamilien, die gerade ins Land gekommen sind, ist diese Botschaft noch nicht ganz angekommen. Doch auch da können wir einen vorsichtigen Rückgang der innerfamiliären Gewalt feststellen. Nicht zuletzt ist ja seit dem 1.Januar 2000 jegliches körperliche Züchtigen von Kindern gesetzwidrig.

Sündenbock Schule: Sie sei zu repressiv, kümmere sich nicht um die Schüler, trichtere nur Wissen ein …

Viele Schulen haben sich dem sozialen Lernen schon weit geöffnet. Es spielt in der Lehrerfortbildung eine wichtige Rolle. Beispielsweise nehmen an Tagungen zur Prävention von Jugendgewalt und Jugendkriminalität weitaus mehr Lehrer teil als früher. Es fehlt freilich noch an didaktisch hervorragendem Unterrichtsmaterial, etwa an Filmen, Abbildungen, Schaubildern, Informationen für Lehrerinnen und Lehrer.

Gewaltprävention, und dazu gehören auch grundsätzliche Fragen der Erziehung in der Familie, muss Gegenstand des Schulunterrichts werden. Wir erhoffen uns davon einen doppelten Effekt. Zum einen, dass die Jugendlichen dabei etwas für ihre spätere Rolle als Eltern lernen. Zum andern, dass sie sich zu Hause auf den Unterricht bzw. den Lehrer berufen können, wenn sie meinen, die Eltern verhielten sich falsch.

Das setzt voraus, dass Eltern und Kinder Zeit füreinander haben und miteinander sprechen. Wann interessieren sich Eltern für ihre Kinder?

Die Australier haben herausgefunden, dass Eltern für Botschaften, die ihre Rolle als Erzieher betreffen, am besten erreichbar sind, wenn sie zum ersten Mal ein Kind haben, das drei Jahre alt wird. Dann kaufen sie sich Erziehungsbücher, stellen

Fragen. Sie wollen nichts falsch machen. Aufgrund dieser Erkenntnis hat Australien kleine Filme entwickelt, die Konflikte zwischen Eltern und Kindern abbilden oder von Kindern mit Kindern, bei denen die Eltern eingreifen sollten. Anschließend wird demonstriert, welches Verhalten in der konkreten Lage richtig und welches falsch wäre. Ein solcher Film ist Ausgangspunkt eines Abends an einer so genannten Elternschule. Diese Elternschulen sind an Kindergärten angedockt, sie sind freiwillig, sie kosten kein Geld und werden auch von solchen Eltern gut angenommen, die man sonst kaum erreicht. Wir wollen dieses Konzept jetzt nach Deutschland holen.

Wie wichtig ist das familiäre Klima für die Entstehung von Gewalt?

Europaweit wurden Erkenntnisse über den Zusammenhang von familiärer Erziehung und Werteorientierung gesammelt. Die Sozialisationsbedingungen von Gewalt und von Zivilcourage sind damit bekannt. Wir werden nicht als mutige oder als brutale Menschen geboren, sondern dazu gemacht. Das zeigen etwa die Biografien von Menschen, die Juden im Dritten Reich gerettet haben. Aber dieses Handlungs- und Erziehungswissen ist in den Köpfen der Lehrer und vor allem in den Köpfen der Eltern zu wenig präsent.

Und wie wollen Sie die Köpfe der Vierzehn-, Siebzehn- oder Neunzehnjährigen erreichen?

Über die Schulen. Das setzt aber eine Lehrerschaft voraus, die auf dieses Thema vorbereitet ist. Deswegen brauchen wir eine große Fortbildungs- und Mutmachungsoffensive für Schulen, wir brauchen Unterrichtsmaterialien, und wir müssen noch mehr Konfliktlotsen ausbilden. Aber das können die Kommunen allein nicht leisten.

Ein Plädoyer für mehr privates Engagement?

Ja, zumal es sich bezahlt macht. Wir können nachweisen, dass eine Kultur des Hinschauens Schulgewalt drastisch reduziert hat.

Das Fernsehen zeichnet ein anderes Bild. Macht es die Stimmung schlechter, als sie ist?

Daran sind alle Medien beteiligt, auch wenn seriöse Printmedien und Hörfunk differenzierter berichten.

Trotz vieler Appelle: Fernseh- und Videofilme oder Computerspiele verzichten nicht auf brutale Gewalt.

Wie wäre es, wenn Journalisten veröffentlichen würden, welche Firmen Werbung in Filmen finanzieren, die eindeutig Gewalt verherrlichend sind? Diese Filme werden zwar meist spät nachts angeboten, aber Kinder sind fit genug, um die Filme aufzunehmen und sich nachmittags reinzuziehen – jeder ist mal allein zuhause. Keinem Autoproduzenten oder Bierverleger oder Versicherer kann es recht sein, wenn er mit Gewalt in Verbindung gebracht wird.

Das sicherste Mittel, brutale Gewalt aus dem Fernsehen zu verbannen, ist eine Selbstverpflichtung der Firmen, keine Werbung in TV-Filmen zu machen, die nicht sauber sind.

Damit wäre ein Sektor erreicht. Was ist mit Gewalt verherrlichenden Computerspielen?

Da müssen wir aufklären. Wir Erwachsenen müssen zum Beispiel deutlich herausstellen, dass solche Spiele in der amerikanischen Armee als Trainingsprogramme entwickelt wurden, um Soldaten, die nicht mehr rücksichtslos kämpfen und töten wollten, „auf Kurs zu halten". Das Militär hätte diese Programme gewiss nicht verwendet ohne den Nachweis, dass sie die Männer tatsächlich in einer Art Desensibilisierungsprogramm fit machen für militärische Aufträge, in denen sie auch töten müssen. Wir wollen aber nicht unsere ganze Männergesellschaft so ausbilden, als ob sie Ledernacken der USA wären oder GSG-9-Kämpfer.

Jugendliche betrachten Spiele wie „Counter-Strike" als Spaß, bei dem sie sich entspannen. Ende der Debatte?

Nein. Wir Erwachsenen müssen darauf bestehen, dass wir es besser wissen. Schlimm ist, dass sich bislang viele Eltern kaum darum gekümmert haben, was ihre Kinder am PC treiben. Man muss unterscheiden zwischen Programmen, die zwar in Richtung Gewalt gehen, aber eher spielerisch sind, und anderen, die auf brutalste Weise das Töten lehren. Da waren wir sorglos und haben eine Jugendkultur wachsen lassen, die wir jetzt erst mit Entsetzen wahrnehmen. Der Erfurter Amokschütze Robert Steinhäuser hat Spiele besessen, die eindeutig auf dem Index des Jugendschutzes stehen, also verboten sind. Er hat sie regelmäßig mit einer Clique von Jugendlichen am PC gespielt – und niemand hat es bemerkt.

Besteht nicht die Gefahr, dass ein Verbot die Spiele nur umso reizvoller macht?

Es kommt darauf an, was man verbietet. Vielleicht muss man die Herstellung solcher Spiele verbieten, dann hat man im Ansatz die Risiken dort reduziert, wo sie entstehen. Das setzt internationale Kooperation voraus. Solange wir das nicht versuchen, brauchen wir uns nicht zu wundern, wenn sich in diesem Bereich wenig verändert.

Wollen Sie damit auch jene Soziologen und Pädagogen „austricksen", die meinen, dass jedes Verbot Jugendliche in ihrer freien Entfaltung behindert?

Wir müssen in einen kritischen Dialog treten und massiv für das, was wir für richtig halten, kämpfen. Verbote reichen nicht aus, Überzeugungsarbeit muss geleistet werden. Das Sicherste ist immer noch, wenn man Partnerschaft erreicht und die Eltern in ihren Familien das durchsetzen, was der Kinder- und Jugendschutz für richtig hält.

ASTRID PRANGE

Krach in der Keimzelle

Wohlstand ist nicht gleichbedeutend mit menschlicher Wärme. Wo Zeit und Zuwendung für Kinder fehlen, wächst die Bereitschaft zur Gewalt. Die meisten jungen Leute wünschen sich eine intakte Familie.

Die eiserne Schlinge wird immer enger. Jenny schnappt nach Luft. „Lass das Mädchen in Ruhe!", schreit ein Junge aus der vierten Klasse, als sich die Pausenaufsicht nähert. Die Schüler rennen auseinander und lassen die Erstklässlerin auf dem Boden liegen. Die Fahrradkette um ihren Hals hat tiefe Abdrücke in der Haut hinterlassen, über ihr ölverschmiertes Gesicht strömen die Tränen.

Alltag auf dem Schulhof. Spätestens bei der Einschulung verpufft die Illusion der Kleinkindidylle. Der zehnjährige Sven ist sich keiner Schuld bewusst. „Wir wollten die Minis nur ein bisschen erschrecken", grinst er verlegen. Nach dem Unterricht geht die Rauferei im Schulbus weiter. Diesmal hat Sven es auf seinen Klassenkameraden Christian abgesehen. Als der entnervte Busfahrer ihm androht, dass er demnächst zu Fuß gehen muss, reagiert Sven gelassen: „Macht nichts, wir ziehen sowieso bald um."

Svens Mutter weiß nicht mehr, was sie noch tun soll. Dreimal in der Woche schickt sie ihren Sohn auf den Fußballplatz, wo er als Torwart Disziplin beweisen muss; jeden Mittwochnachmittag geht er zur Computer-AG. Um die Hausaufgaben kümmert sich ein Au-pair-Mädchen aus Rumänien. Renate Schmidt selber hat wenig Zeit für Sven und seinen Bruder. Im Gegenteil. Die geschiedene Immobilienmaklerin muss viel Zeit und Kraft investie-

25

ren, um den Lebensstandard zu halten. Kein Wunder, dass beide Augen zudrückt, wenn sie abends nach Hause kommt und die beiden Jungen dabei erwischt, wie sie vor dem Fernseher Süßigkeiten in sich hineinstopfen und das Bettzeug verschmieren.

Der Frust in deutschen Familien und Schulen ist groß. Jedes fünfte Kind gilt als verhaltensauffällig. Mehr als drei Millionen Heranwachsende kämpfen mit allergischen Krankheiten oder Übergewicht. Aggressivität, Hyperaktivität und steigende Jugendkriminalität bringen Eltern und Lehrer täglich an ihre Grenzen. „Die meisten Kinder leiden an psychischer und sozialer Überlastung", meint Klaus Hurrelmann, Professor für Sozial- und Gesundheitswissenschaften an der Universität Bielefeld. Die junge Generation werde so früh wie noch nie in den Strudel der Leistungs- und Spaßgesellschaft hineingezogen und verlöre im pluralistischen Dickicht die Orientierung.

Psychologen und Pädagogen schlagen Alarm: Immer mehr Väter und Mütter sind mit der Erziehung ihrer Nachkommen überfordert. Gründe für die Apokalypse im Kinderzimmer gibt es viele: Etwa die Hälfte aller Kinder hierzulande wächst ohne Geschwister auf; die Scheidungsrate ist zwischen 1990 und 1999 von 27 auf 36 Prozent gestiegen; knapp sieben Prozent aller Minderjährigen sind auf Sozialhilfe angewiesen. Deutschland gehört zu den kinderärmsten Ländern der Welt. Von den insgesamt 82 Millionen Einwohnern sind nur 16,8 Prozent jünger als vierzehn Jahre. 1990 lag der Anteil noch bei 17,3 Prozent.

Doch die üblichen Erklärungsmuster greifen zu kurz. Weder die wachsende Zahl arbeitender Mütter noch der negative Einfluss von Medien, noch der häufig konstatierte Werteverfall sind für die allgemein beklagte „Erziehungskatastrophe" allein verantwortlich. Vielmehr sind die Familien zum explosionsgeladenen Austragungsort gesellschaftlichen Wandels avanciert. Auf oft tragische Weise spielt sich dort der Abschied vom traditionellen Modell der Versorgerehe ab.

„Die Befreiung der Frau aus der finanziellen Abhängigkeit des Mannes ist teuer erkauft", erklärt Iris Kellermann vom Institut für pädagogische Diagnostik in Rösrath bei Köln, das für Jugendämter Maßnahmen zur Betreuung und Begleitung von problematischen Jugendlichen erarbeitet. Da es noch kein allgemein konsensfähiges Nachfolgemodell für die traditionelle Rollenverteilung gebe, schaffe der Pluralismus an Beziehungsmöglichkeiten und Familienmodellen für Eltern und Kinder zunächst allgemeine Verunsicherung. „Die Eltern trennen sich, und die Kinder verlieren ihren Glauben an zuverlässige Bindungen."

Eine Rückkehr zu den „guten alten Zeiten" hält Sozialpädagogin Kellermann jedoch für ausgeschlossen. „Niemand kann den Frauen wieder den Zugang zu Bildung verweigern", stellt sie klar. „Sie können sich heute freiwillig für die Versorgerehe entscheiden, im Gegensatz zu früher wissen sie aber, dass es andere Möglichkeiten gibt." Paradoxerweise können ausgerechnet diejenigen Mütter, die ihren Beruf für die Familie aufgeben, kaum mit Anerkennung rechnen. Wie tief das reicht, erfuhr auch die Mutter der Erstklässlerin Jenny. Ihre Tochter erklärte sie schlicht für unfähig, die Hausaufgaben zu kontrollieren, schließlich würde sie ja „nur" putzen und kochen.

Die perfekt organisierte Immobilienmaklerin Renate Schmidt hingegen hat sich endgültig vom deutschen Muttermythos verabschiedet. Auf die aggressiven Ausfälle ihres Sohnes reagiert sie abwechselnd mit der Beschlagnahme seines Lieblingsspielzeuges, mit Fernsehverbot, Schreikrämpfen und Liebesentzug. Anfälle der Verzweiflung überkamen häufig auch die Mutter des Erfurter Täters Robert Steinhäuser. Um ihrem Sohn die Sucht nach Computerspielen auszutreiben, mit denen er brutale Massenexekutionen simulierte, riss sie eines Tages alle Kabel aus den Wänden und versteckte sie.

Kindheit hierzulande ist zu einer komplizierten Angelegenheit geworden. Mütter und Väter sind häufig mit eigenen Problemen befasst. Fernsehen, Internet, Cliquen und Gangs, Schule und Vereine füllen das Vakuum an elterlicher Betreuung aus. Stecken wir in einer „Erziehungskatastrophe"?

Die Endzeitatmosphäre ist von vielen Widersprüchen gekennzeichnet, was die Antwort erschwert. Allen Unkenrufen zum Trotz wächst nämlich die große Mehrheit der Kinder in Deutschland ohne gravierende Probleme auf, wenn man den Ergebnissen von Jugendstudien Glauben schenkt. Laut „Shell Jugendstudie 2002" wohnen 75 Prozent der Zwölf- bis 25-Jährigen bei ihren Eltern, 90 Prozent geben an, mit ihnen gut klarzukommen. Knapp 70 Prozent wollen ihre Kinder genauso oder ähnlich erziehen, wie sie selbst von ihren Eltern erzogen worden sind. Und immerhin 70 Prozent der Jugendlichen (weiblich: 75 Prozent, männlich 66 Prozent) sind überzeugt, dass eine Familie „zum Glücklichsein" gehört; eigene Kinder wollen mehr als zwei Drittel haben.

Auch das Statistische Bundesamt widerlegt den angeblichen Zerfall der Familie, obwohl immer mehr Kinder bei nur einem Elternteil aufwachsen. Der jüngsten Auswertung zufolge lebten im April 2001 von rund 15,1 Millionen minderjährigen Kindern etwa 14 Prozent bei einem allein erziehenden Elternteil, fünf Jahre zuvor waren es erst zwölf Prozent. In den alten Bundesländern wuchsen 83 Prozent der Minderjährigen bei Ehepaaren auf, in den neuen Ländern waren es 67 Prozent. Die Zahl der ehelichen Kinder sank zwischen 1996 und 2001 im Westen um drei, im Osten um acht Prozent. Ähnliche Entwicklungen werden auch andernorts konstatiert. So ist beispielsweise in den Niederlanden die Zahl der nicht verheirateten Paare mit Kind zwischen 1997 und 2002 von sechs auf zehn Prozent gestiegen.

Statistiken hin oder her. In einem Punkt sind sich alle Jugendforscher einig: Viele Eltern sind mit der Erziehung ihrer Kinder überfordert. „Allgemein ist ein zunehmender Bedarf an Beratungsangeboten und Kriseninterventionen der Kinder- und Jugendhilfe zu verzeichnen", heißt es in dem Bericht über die Lebenssituation von Kindern in Deutschland, den die damalige Bundesfamilienministerin Christine Bergmann anlässlich des Weltkindergipfels der Vereinten Nationen im Mai 2002 vorlegte. Es ist deshalb kein Zufall, dass die Deutsche Forschungsgemeinschaft eine Wirksamkeitsstudie über „positive Erziehungsprogramme" finanziert, die mittlerweile auch in Deutschland angeboten werden. Sozialwissenschaftler Klaus Hurrelmann will mehr: Er plädiert dafür, dass alle Eltern, die Kindergeld erhalten, einmal pro Jahr zur Teilnahme an Erziehungsseminaren verpflichtet werden.

Christine Bergmann setzte den Schwerpunkt auf gewaltfreie Erziehung. „Wir brauchen in unserer Gesellschaft einen anderen Umgang mit Gewalt", ist sie überzeugt. „Wenn Kinder in der Familie lernen, mit Konflikten gewaltfrei umzugehen, dann werden sie später auch eher versuchen, Streitigkeiten und Frustrationen ohne Gewalt zu lösen." Vorbild sind also die Eltern. Ob sie wollen oder nicht, sie müssen diese Verantwortung auf sich nehmen. Aber sie können sich dabei helfen lassen, etwa in Elternkursen wie dem aus Australien importierten „Triple P": Positive Parenting Program.

Übrigens ist Gewalt in der Erziehung per Gesetz seit Januar 2000 verboten. Tatsächlich schlagen deutlich weniger Eltern ihre Kinder als noch vor sechs Jahren. Da teilten 20 Prozent der Eltern „schallende Ohrfeigen" aus, heute sind es zehn Prozent; leichte Ohrfeigen geben 60 Prozent der Eltern, früher waren es 72 Prozent.

weitere Informationen:
www.triplep.de
www.shell-jugendstudie.de
www.statistik-bund.de

Literaturtipp:
Jugend 2002. 14. Shell Jugendstudie

II
Anspruch auf Erziehung

Die Gesellschaft fordert ständig Erziehung und Wertevermittlung ein, ist aber nicht bereit, sich selbst an die entsprechenden Regeln zu halten. Was immer bei Kindern und Jugendlichen falsch läuft – die Schule soll's wieder richten. Doch das kann sie nicht leisten, und sie soll es auch gar nicht versuchen. Es kann keine Bildungsoffensive ohne Erziehungsoffensive geben. Schulerfolg beginnt in der Kinderstube.

MICHAEL RUTZ

Verwahrloste Jugend

Die Morde von Erfurt weisen auf ein Grundproblem unserer Gesellschaft hin: Sie nimmt sich nicht ausreichend Zeit für ihre Kinder. Die sorgsame Erziehung der nachwachsenden Generation muss wieder in ihr Recht gesetzt werden. Schnellrezepte haben derzeit Konjunktur. Sie greifen aber zu kurz.

Nach dem Amoklauf des Erfurter Schülers Robert Steinhäuser, der am 26. April 2002 sechzehn Menschen und sich selbst erschoss, waren unsere Politiker rasch mit Rezepten bei der Hand. Man müsse, so hieß es beispielsweise immer wieder, das Waffengesetz verschärfen, etwa die Altersgrenze für den Waffenkauf von 16 auf 21 Jahre heraufsetzen oder den Privatbesitz von so genannten Pumpguns verbieten.

Nein, das muss man nicht. Vielmehr ist es an der Zeit, nachzudenken über den Umstand, dass da ein Schüler seinen Eltern („wohlgeordnete Verhältnisse") seit Wochen verheimlichen konnte, dass er der Schule verwiesen worden war. Die Eltern haben nichts gemerkt, hatten offenbar keinen Kontakt mehr zum Sohn, keinen zur Schule.

Ein Einzelfall? Mitnichten. In der Pisa-Studie, die seit ihrer Veröffentlichung Anfang Dezember 2001 nicht nur unsere Bildungspolitiker erregt, steht auch, dass 60 Prozent der 15-Jährigen in Deutschland angeben, ihre Eltern interessierten sich nicht für ihre Lernerfolge oder Lernschwierigkeiten, und ihre Lehrer in Wirklichkeit auch nicht. Das ist ein Alarmsignal, das mitten ins Herz einer Gesellschaft trifft: Es geht um den geistigen Generationenvertrag.

Die Eltern sind ja auch zu beschäftigt. Sie wollen oder müssen doppelverdienen und lassen die Kinder unbeaufsichtigt. Sie beantworten schon kurzes eheliches Unwohlsein mit Scheidung, ohne Rücksicht auf unmündige Kinder. Sie ziehen zu Hause das Fernsehen dem Gespräch vor. Sie kümmern sich nicht um das, was ihre Kinder in der Freizeit treiben. Sie begrenzen weder den Fernsehkonsum ihrer Kinder noch deren Flucht in die virtuellen Welten der Videospiele. Das ist, unzulänglich beschrieben, der Allgemeinzustand einer Sprachlosigkeit zwischen Jung und Alt – Alltag in Deutschland, an dem die vielen rühmlichen Ausnahmen nichts ändern.

Wehe, wenn die Schule nicht in der Lage ist, solche Defizite auszugleichen. Die Eltern formieren sich dann zur Anklage gegen die Kultuspolitiker, fordern mehr und engagierte Lehrer und sowieso mehr Geld – um gleich in Apathie zurückzufallen. Die Gewerkschaft Erziehung und Wissenschaft in Gestalt ihrer Bundesvorsitzenden Eva-Maria Stange intoniert dazu das Lied von der bösen Leistungsgesellschaft – da sehe man, wohin man komme, wenn man die Kinder schon in der Schule fordere.

Doch nicht der Leistungsgedanke führt zur psychischen Deformation, sondern seine ungenügende Einbettung in die Erziehung und den sozialen Kontext. Bildung im Sinne von Wissen ist notwendig. Aber die Verengung des Bildungsbegriffes auf reine Wissensvermittlung wäre ein unzureichender Dienst der Schule an ihren Schülern und an dieser Gesellschaft. Denn es geht auch um Herzensbildung, um Wertevermittlung, um die Gestaltung menschlicher Bindungen.

Von der Schule kann auch hier zwar mehr erwartet werden, als sie gegenwärtig leistet oder zu leisten imstande ist (weil das Geld fehlt). Aber es wäre eine ganz falsche Verengung, den Zustand einer Gesellschaft außer Acht zu lassen – also den Zustand der Familien, des Generationendialogs, der sozialen Wärme in Deutschland.

Schule, Familie, die vielen Organisationen des sozialen Umfeldes, der Jugendliche selbst: Sie bilden ein Ganzes, in dem einer die Schwächen des anderen ausgleichen muss. Klappt das nicht, entsteht Vereinzelung, Vereinsamung, Rücksichtslosigkeit gegen sich und andere, Gewalt – Erfurt.

Die Summe aus allen Erwartungen an die Gesellschaft macht noch kein Rezept. Es bedarf vieler Initiativen vieler verschiedener Fachpolitiken und des Engagements der Bürger selbst. Das ist nichts, was man wahlwirksam so schnell vorzeigen kann wie eine sinn- und atemlose Änderung des Waffengesetzes. Vielmehr ginge es darum, über die Grundlagen dieser Gesellschaft neu nachzudenken; Ehe und Familie neu zu bewerten; die Anwesenheit von Müttern (oder Vätern) zu Hause bei ihren Kindern neu zu gewichten gegenüber dem Idealbild der Doppelkarrieren; den Verzicht darauf der Kinder wegen staatlicherseits großzügig zu belohnen.

Der größte Teil der Defizite in unserer Gesellschaft lässt sich nicht mit Geld beheben. Motivation; das Interesse der Generationen aneinander; die Anteilnahme am Leben der Kinder; die Vorbilder; Fairness, Aufmerksamkeit, menschliche Wärme: All das kostet nicht zuerst Geld – obwohl Geld natürlich hilft. Ausgeben ließe es sich höchst fruchtbar für zusätzliche Lehrer, mithin für kleinere Klassen; für sinnvolle und motivierende Zusatzangebote in einer Schule, die angesichts des maroden Familienzustandes in Deutschland in ihrer Qualität als Betreuungseinrichtung aufgewertet werden muss; für die soziale Betreuung der Schüler. „Bildung meint Stärkung des Menschen" – dieser Satz der baden-württembergischen Kultusministerin Annette Schavan ruft, nimmt man alles in allem, nach konkreter Ausgestaltung.

Die wird auch nicht gelingen ohne Religion, ohne eine Rückbindung des menschlichen Daseins. Wer nichts weiß über das Wozu, wer kein Vertrauen hat in die Sinnhaftigkeit seines Lebens, der wird mit seinem und dem Leben anderer auch achtlos umgehen. Den Jugendlichen auf ihrer Orientierungssuche behilflich zu sein, ihnen Angebote zukommen zu lassen in der Zeit, in der sie entweder sehnsuchtsvoll Hermann Hesse lesen oder am Sinn des Lebens angesichts realer Fernsehbilder verzweifeln: Das ist eine der vornehmsten Aufgaben. Stattdessen verbeißt sich die bildungspolitische Nachhut der 68er Generation in die Abwehr alles Wertbezogenen und streitet sich bis vors Bundesverfassungsgericht darüber, wie man Religionsunterricht oder zumindest Kreuze aus den Schulen fernhalten könnte.

Die Morde von Erfurt: Sie sind auch eine Quittung für eine Ideologie, die Wertneutralität und Geschlechteregoismus vor die Sinnsuche, vor das Miteinander, vor die Sorge um den physischen Fortbestand einer Gesellschaft in seelischer Gesundheit gestellt hat. Es wird Zeit, dass diese Revolution endlich ihre letzten Kinder frisst.

Literaturtipp:
Horst Petri, Der Verrat an der jungen Generation. Welche Werte
  die Gesellschaft Jugendlichen vorenthält.

Stichwort: Waffenrecht

Die am 26. April 2002 beschlossene Neuregelung des Waffenrechts ist unter dem Eindruck des Massakers, das der Erfurter Gymnasiast und Sportschütze Robert Steinhäuser am selben Tag im Gutenberg-Gymnasium angerichtet hat, noch einmal verschärft worden. Die Altersgrenze für Erwerb und Besitz erlaubnispflichtiger Schusswaffen durch Sportschützen wurde von 18 auf 21 Jahre angehoben. Beim Ersterwerb von Schusswaffen muss jeder, der noch nicht 25 Jahre alt ist, ein medizinisch-psychologisches Gutachten vorlegen. Pumpguns mit Pistolengriff sind verboten. Die Ausbildung von Kindern zum sportlichen Schießen darf erst ab 12 Jahren mit qualifizierter Aufsicht beginnen. Auch Waffenhändler unterliegen einer Meldepflicht beim Überlassen von Schusswaffen.

JOSEF KRAUS

Jetzt wird geheuchelt

Immer, wenn die Gesellschaft eine Lücke in Erziehung und Wertevermittlung entdeckt, soll die Schule sie stopfen. Der beste Unterricht etwa zum kritischen Umgang mit Medien nutzt aber nichts, wenn Familien und Öffentlichkeit nicht mitziehen.

Erfurt – das ist der schwärzeste Tag in der deutschen Schulgeschichte. Dieser 26. April 2002, an dem ein Amokschütze sechzehn Menschen und dann sich selbst umbrachte, wird lange nachwirken, weit über die aktuelle und mittlerweile leider schon wieder reichlich hyperaktive und die Opfer entwürdigende Diskussion hinaus. Ein paar Tage des Schweigens, bis die Opfer würdig bestattet sind und bis das so genannte Täterprofil Konturen annimmt, ein paar Tage des Nachdenkens hätten allen gut getan. Aber die Fernsehredaktionen wollten die Klassen nicht einmal während ihrer Gedenkminute von Kameras verschonen. Dass die USA mit ihrem reichlich archaischen Verständnis von Waffen weit weg sind, gilt nicht mehr.

Es galt eigentlich schon nicht mehr, seit Lehrerinnen oder Lehrer in Meißen, Brannenburg und Freising ermordet wurden. Nun hat die Bluttat am Gutenberg-Gymnasium in Erfurt das Massaker an der Columbine Highschool in Littleton in entsetzlicher Weise übertroffen. In das Entsetzen und in die Trauer um die Opfer mischt sich Wut, Wut auf den Täter und Wut auf diese Gesellschaft insgesamt, die solches hervorbringt. Der Kulturphilosoph Eduard Spranger fällt einem dabei ein: Er beklagte die immanente Unaufrichtigkeit der Gesellschaft, ständig Erziehung und Wertevermittlung einzufordern, wo zugleich Erziehungseffekte nicht gewollt werden. Wie sonst könnte es möglich sein, dass diese Mediengesellschaft von ihren Schulen zwar eine Erziehung zum kritischen Medienumgang erwartet, zugleich aber einen Sumpf an Schmuddel- und „Hackfleisch"-Videos entstehen lässt? Nicht einmal das Abendprogramm zwölf Stunden nach dem Massaker in Erfurt war frei von Comedy und Filmgewalt auf Deutschlands Fernsehkanälen.

Natürlich haben wir schon wieder die Patentrezepte: Metalldetektoren, Videoüberwachung, Pförtnerlogen an den Eingangstüren der Schulen und Alarmknöpfe in den Klassenzimmern. Doch das kann es nicht sein, ganz abgesehen vom Missbrauch solcher Alarmknöpfe. Ein Amokläufer plant zumindest die Anfangstat, er lässt sich weder von Videokameras abschrecken noch von verschlossenen Türen, durch die er sich mit jeder Pumpgun hindurchschießt. Und wenn er nicht in die Schule kommt, aber Rache austoben will, dann tut er es an der Bushaltestelle oder auf dem Lehrerparkplatz. Man lügt sich in die Tasche, wenn man meint, mit rein technischen Mitteln wäre Sicherheit machbar. Im Übrigen sollten wir nicht wünschen, dass sich unsere Schülerinnen und Schüler allmorgendlich in eine Festung oder einen Hochsicherheitstrakt begeben. Das wäre beängstigend. Schule, Bildung, Erziehung brauchen Offenheit, um zu gedeihen.

Erfurt: Das ist nach der Pisa-Studie ein anderer, vielleicht noch gewichtigerer Anlass für eine Erziehungsdebatte in Deutschland. Bei Pisa musste man noch sagen, dass es keine Bildungsoffensive ohne Erziehungsoffensive geben könne und dass der Schulerfolg mit der Kinderstube beginne. Nach Erfurt erahnt man, dass es über die Messbarkeit und Verwertbarkeit schulischer Bildungsinhalte hinaus etwas viel Wichtigeres gibt für das Denken und Handeln Heranwachsender: die Vermittlung von Werten.

Nach Erfurt stellt sich vor allem die Frage, ob unsere Gesellschaft samt ihren Familien und Bürgern das in hinreichendem Maße hat, was Erziehung aus- oder erst möglich macht: Zeit. Immer mehr Eltern nehmen sich immer weniger Zeit für ihre Kinder. Und viele unserer Lehrer haben zu wenig Zeit für ihre Schüler, weil sie zu viele Schüler in der Klasse oder zu viel Stoff zu lehren haben. Wenn man aber keine Zeit für die Kinder hat, dann kriegt man nicht mit, was in ihnen vorgeht.

Wir brauchen auch eine andere Kultur im Umgang mit Bildungseinrichtungen und mit Lehrern. Es schien gerade in Deutschland „cool" geworden zu sein, über Lehrer dumm daherzureden. In Finnland etwa hätte niemand eine Chance auf eine hervorgehobene Position, wenn er Lehrer öffentlich beschimpfte. Wenn aber Lehrer zum Freiwild öffentlicher verbaler Attacken werden, dann ist für den jugendlichen Frustrierten der Schritt zur manifesten Gewalt sehr klein. Karl Jaspers behält Recht: Es ist das Schicksal eines Volkes, welche Lehrer es hervorbringt und wie es seine Lehrer achtet.

Was jetzt überfällig ist, das ist keine Debatte um angeblich überhöhte Leistungsanforderungen in den Schulen – die Übrigens mit dem Pisa-Vergleich nicht zu begründen ist. Jedes Jahr erreichen unter Deutschlands zwölf Millionen Schülern mehrere tausend ihr Bildungsziel nicht, aber deswegen gibt es keine tausend Amokläufer. Nein, wer jetzt meint, seine Uralt-Ressentiments gegen das Leistungsprinzip in der Schule wiederbeleben zu müssen, der muss sich vorhalten lassen, den Tod von sechzehn Menschen auf höchst unwürdige Weise zu instrumentalisieren.

Vor allem ist das Massaker in Thüringen das Ergebnis einer fortschreitenden Vereinzelung. Dabei kündigen sich Gewalttaten – als Mordtaten an anderen oder als Suizid gegen sich selbst – zumeist an. Aber es ist unbequem, und es erfordert Zeit ebenso wie Zivilcourage, sich mit schwierigen Mitmenschen zu beschäftigen, die ihre Selbstwertgefühle über Waffenbesitz oder den extensiven Konsum von harter Videoware zu erleben meinen. Und noch schwieriger ist es, sie zu inte-grieren. Das heißt: Wir brauchen dringend eine Kultur des Hinhörens, und wir brauchen zwischenmenschliche Frühwarnsysteme. Die Schule kann damit beginnen; aber die Antennen müssen auch außerhalb der

Schulen ausgefahren werden. Alles andere ist hinsichtlich Gewaltprophylaxe ein Herumkurieren an Symptomen.

Ansonsten verdichtet sich die Gewissheit, dass nichts und niemand ein weiteres „Meißen", „Freising" oder „Erfurt" wird verhindern können. Und zumal unter Deutschlands 700.000 Lehrern keimt Wut auf ob der Art, wie dieser Massenmord bislang rezipiert, interpretiert und instrumentalisiert wird.

„Experten" fühlen sich als große Kausalanalytiker und verbreiten sich über die „strukturelle Gewalt des Schulsystems". Schülerfunktionäre geben den altklugen Jung-68er und behaupten, dass „repressive deutsche Schulpädagogik" vor allem Verlierer hinterlasse und damit Aggression erzeuge. Ein Erziehungswissenschaftler ist sich sicher, dass so etwas wie „Erfurt" nur in Bundesländern mit Zentralabitur vorkommen könne. Ein anderer, ein „Bildungsforscher", kennt als Grund für solch barbarische Gewalt, dass dieses Schulsystem die jungen Leute demütige.

Sogar angesehene Zeitungen und Magazine drucken Leserbriefe ab, in denen die Morde an den zwölf Erfurter Lehrern explizit als die logische Konsequenz des angeblichen Desinteresses der Lehrer an ihren Schülern dargestellt werden. Ein bekanntes Magazin lässt einen Leserbriefschreiber zu Wort kommen, der die Morde als „symbolischen Tyrannenmord", also als einen offenbar legitimen Mord, abtut.

In den „Chatrooms" finden sich Szenesprüche wie: Nur ein toter Pauker ist ein guter Pauker. Und nicht wenige Schüler reagieren auf eine nicht so gute Schulnote mit der Frage an den Lehrer: „Haben Sie sich diese Note nach Erfurt gut überlegt, oder haben Sie eine kugelsichere Weste an?"

So einfach ist das: Die Lehrer sind die Täter, und die Schüler sind die Opfer. Dass Täter und Opfer vertauscht werden, müsste eigentlich nicht nur die Lehrer erschrecken. Der Massenmord wird, so kann es scheinen, bildungsideologisch missbraucht: gegen das schulische Leistungsprinzip und für eine Abitur-Vollkaskomentalität. Ein hochkarätiger Kriminologe verteilt Sedativa und glaubt zu wissen, dass die Gewaltrate in Deutschlands Schulen seit 1998 rückläufig sei. Er hat vergessen zu sagen, dass es in Deutschlands Schulen bis 1999 keine, seitdem neunzehn Morde gab.

Die Verbitterung unter den Lehrern ist groß. Erinnerungen werden wach an Sprüche, die zum Teil bis wenige Tage vor dem 26. April nicht nur an Stammtischen Verbreitung fanden: Sprüche von den „faulen Säcken"; von denen, „die während einer ganzen Woche gerade mal so viel arbeiten, wie man selbst bereits am Dienstag erledigt hat"; vom verhassten Parteifreund, mit dem man nicht habe reden können, weil er „kein Mensch war, sondern ein Lehrer".

Nicht minder kopfschüttelnd reagiert die Lehrerschaft darauf, dass wichtige Fakten im Zusammenhang mit „Erfurt" schlicht verdrängt werden, zum Beispiel, dass Robert Steinhäuser zuvor nicht durch das Abitur gefallen war, dass das Schulamt Erfurt ihn wiederholt zum Beratungsgespräch gebeten hatte und dass er – außerhalb des Gutenberg-Gymnasiums – an jedem anderen Gymnasium in Thüringen das Abitur hätte machen können. Er wollte es nicht. Jetzt wird die Schule auch dafür verantwortlich gemacht.

„Erfurt" wird nicht dazu beitragen, dass sich der dringend benötigte Nachwuchs im Lehrerberuf einstellt. Damit könnte „Erfurt" – jenseits von Pisa – zu einem ernsten Problem für den Bildungsstandort Deutschland werden. Maßgeblich dafür dürfte sein, dass diese Gesellschaft von der Schule Wirkungen erwartet, die sie im Grunde – siehe reale und mediale Vorbilder – gar nicht will.

Wenn die Morde dennoch etwas „Gutes" nach sich zogen, dann – welch schwacher Trost! – dies: Die auch zwischen den Lehrern West und den Lehrern Ost vorhandene innere Mauer ist zumindest um einiges niedriger geworden, wenn nicht gar verschwunden.

GERALD HÜTHER

Zuwendung ist der wichtigste Erzieher

Hirnforschern und Entwicklungspsychologen konnten in den letzten zehn Jahren nachweisen, welch nachhaltigen Einfluss frühe Bindungserfahrungen darauf haben, wie und wofür ein Kleinkind sein Gehirn benutzt. Außerdem haben sie herausgefunden, dass das Gehirn während der gesamten Jugendphase durch die Art seiner Nutzung „programmiert" wird.

In viel stärkerem Maß als bisher angenommen wird die Entwicklung des menschlichen Gehirns durch nutzungsbedingte Bahnungs- und Strukturierungsprozesse bestimmt. Der Nachweis dafür ist Hirnforschern und Entwicklungspsychologen in den letzten zehn Jahren vor allem mithilfe der so genannten bildgebenden Verfahren gelungen. Unter dem Einfluss der Aktivierung emotionaler Zentren werden frühe Erfahrungen strukturell in Form bestimmter Nervenzellverschaltungen und synaptischer Verbindungen im Hirn verankert. Sie haben einen entscheidenden und nachhaltigen Einfluss auf die weitere Hirnnutzung und damit auf die Ausformung komplexer Verschaltensmuster, insbesondere im Frontalhirn von Kindern und Jugendlichen.

Das bedeutet, dass sichere emotionale Bindungsbeziehungen eine wesentliche Voraussetzung für eine optimale Hirnentwicklung sind. Störungen dieser emotionalen Beziehungen stellen für Kinder Belastungen dar, die sie umso weniger bewältigen können, je früher sie auftreten. Sie führen zu einer massiven und lang anhaltenden Aktivierung stresssensitiver Regelkreise im kindlichen Gehirn. Die damit einhergehende vermehrte Ausschüttung bestimmter Botenstoffe und Hormone hat einen destabilisierenden Einfluss auf bereits entstandene neuronale Verschaltungen. Deshalb beobachtet man in schweren Fällen psychischer Traumatisierung (Missbrauch) regressive, psychopathologische Entwicklungen wie Dissoziation, Depersonalisation, Störungen der Körperwahrnehmung oder selbstverletzendes Verhalten.

In weniger schweren Fällen früher Bindungsstörungen führt die mangelnde emotionale Sicherheit häufig zur Ablehnung der primären (und sekundären) Bezugspersonen. Sie geht mit einer vermehrten Nutzung und Bahnung pseudoautonomer Bewältigungsstrategien einher. Dazu gehören Selbstbezogenheit, narzisstisches, destruktives, aggressives oder introvertiertes Verhalten. Bei anderen emotional verunsicherten Kindern kommt es zur überstarken, abhängigen „Anklammerung" an bestimmte Bezugspersonen, auch Peers, und damit zu einer mangelhaften Aneignung autonomer Bewältigungsstrategien.

In allen Fällen fehlen die Voraussetzungen, um komplexe neuronale Netzwerke im Frontalhirn zur Steuerung von Aufmerksamkeit und situationsgerechtem Verhalten auszuformen und zu stabilisieren. Kinder mit solchen Defiziten sind leicht überfordert und überwältigt, wenn sie mit den komplexen Anforderungen des Zusammenlebens und des gemeinsamen Lernens in Kindergarten und Schule konfrontiert werden. In Ermangelung hinreichend komplexer Strategien, um ihre Aufmerksamkeit zu steuern, Konflikte zu lösen oder Handlungen zu planen, greifen sie meist auf ihre im familiären Rahmen entwickelten Handlungsmodelle und Reaktionsweisen zurück. Ja, sie bauen sie immer effektiver aus. Diese Kinder geraten so schnell in einen Teufelskreis, aus dem sie aus eigener Kraft keinen Ausweg finden.

Die Bildungsangebote von Kindergärten und Schulen können von solchen Kindern nur in dem Umfang aufgegriffen werden, wie sie ihnen geeignet erscheinen, um ihr labiles emotionales

Gleichgewicht zu stabilisieren. Wonach diese Kinder suchen und worauf sie ihre ganze Aufmerksamkeit richten, ist nicht das angebotene Wissen, die vermittelten Fähigkeiten und Fertigkeiten, sondern ein Gefühl: das Bedürfnis nach Halt und Sicherheit, nach Anerkennung und Orientierung. Diese Kinder brauchen nicht immer bessere Unterrichtsformen und Lehrmethoden, sondern authentische, begeisterungsfähige, einfühlsame und Sicherheit bietende, also psychosozial kompetente und emotional intelligente Erzieher und Lehrer.

In dem Maß, wie die Prävalenz früher Bindungsstörungen in einer Gesellschaft zunimmt, sind die Bildungseinrichtungen gezwungen, zunächst die Voraussetzungen dafür zu schaffen, dass ihre Angebote überhaupt angenommen werden können. Da aber auch die besten Bildungseinrichtungen mit dieser Aufgabe überfordert sind, müsste diese grundlegende erzieherische Aufgabe primär von den Eltern geleistet und im Rahmen vorschulischer Maßnahmen weiter unterstützt und fortgeführt werden.

Aus diesen Erkenntnissen – und damit die Saat der Bildungsangebote auch aufgehen kann – folgt:

- Die elterliche Erziehungskompetenz muss gestärkt werden, zum Beispiel durch innovative, an den Bedürfnissen und den Problemen von Eltern bei ihrer konkreten Erziehungsarbeit ausgerichtete, kompetent geleitete und allen Eltern zugängliche Formen von Schulung und Beratung.

- Die Kindertagesstätten müssen (auch im öffentlichen Bewusstsein) von Aufbewahrungs- und Betreuungseinrichtungen in Erziehungs- und Bildungswerkstätten umgewandelt werden, deren wichtigste Aufgabe darin besteht, Kinder für das gemeinsame Lernen und die gemeinsame Suche nach Lösungen zu begeistern.

- Die Schulen müssen in die Lage versetzt werden, sich ihrer eigenen Aufgabe, dem Unterricht, widmen zu können. Neben verstärkten Beratungs- und Therapieangeboten für Schüler und deren Familien sollte die Öffentlichkeit deutlicher als bisher über die Situation in Schulen und die Probleme bei der Vermittlung schulischer Bildungsangebote informiert werden. Die Erwartungen in den Erfolg von Schulreformen sollten angesichts der Probleme eher gedämpft werden.

Was wir brauchen, ist weniger eine Reform von Schulen als vielmehr eine Neuorientierung aller an der Erziehung und Bildung von Kindern und Jugendlichen beteiligten Kräfte. Dazu zählen nicht zuletzt die Medien.

Lehrer mit langjähriger Schulerfahrung berichten, dass die Schüler allgemein unruhiger und nervöser geworden sind. Die Gründe dafür sind komplex. Allerdings sind sich die Fachleute einig, dass der zunehmende Medienkonsum – Fernsehen, Video, Computerspiele, Musik – die Kinder unruhig macht. Ein weiterer Faktor, der nach Ansicht mancher Experten zur Unruhe vieler Kinder beiträgt, sind die „modernen" Unterrichtsformen. Bei „offenem" Unterricht ohne klare Führung werden problemanzeigende Kinder besonders anfällig für störende Verhaltensweisen, während dieselben Kinder bei „konventionellen" Lehrern, die gut strukturiert unterrichten und klar anleiten, oft ruhiger und konzentrierter arbeiten können.

weitere Informationen:
www.win-future.de

Literaturtipps:
Gerald Hüther, Helmut Bonney, Neues vom Zappelphilipp. ADS: verstehen, vorbeugen und behandeln
Gerald Hüther, Bedienungsanleitung für ein menschliches Gehirn
Karl Gebauer, Gerald Hüther, Kinder brauchen Orientierung

JOSEF KRAUS

Nur Cola im Bauch

Nicht allein die Lehrer sind für den Schulerfolg von Kindern und Jugendlichen verantwortlich. Bildungsoffensiven brauchen die Mitarbeit der Eltern.

Dreißig Jahre nach einer zu Recht umstrittenen Bildungsreformeuphorie beben Schulpolitik und Schulpädagogik erneut vor lauter gutem Willen. Alles an Schule müsse anders werden, so vernimmt man: Die Lehrpläne sollen endlich „entrümpelt", die „Schlüsselqualifikationen" forciert vermittelt, der Unterricht neu rhythmisiert, der „starre" Fächerkanon radikal aufgebrochen, gar Schulranzen durch Laptops ersetzt werden.

Dieser schönen neuen Schulwelt stehen Realitäten gegenüber, die beileibe keine Raritäten sind: Elfjährige, die morgens mit nichts außer Cola im Bauch in die Schule kommen; Zwölfjährige, die wöchentlich fünfmal die Hausaufgabe „vergessen"; Dreizehnjährige, die von ihren Eltern für eine Woche „krank" geschrieben werden, weil das Ticket in die Karibik gerade 200 Euro billiger ist; Vierzehnjährige, die das Englischbuch verschlampt und selbst nach acht Wochen kein Ersatzbuch beschafft haben; Fünfzehnjährige, die keinen Werktag vor Mitternacht zu Hause sind; Sechzehnjährige, die den ganzen Montag wegen des Open-Air-Festivals vom Wochenende ausschlafen; Siebzehnjährige, die zur Finanzierung von Handy und Designerjacke mehr Zeit beim Jobben an der Tankstelle verbringen als am häuslichen Schreibtisch; Achtzehnjährige, die ihre Volljährigkeit dazu nutzen, sich pro Quartal per eigene Unterschrift an die sechzig Freistunden zu gönnen; Eltern die völlig unkritisch wie Glucken über solchen Kindern sitzen, die aber bereits bei einer

Vier in einem Extemporale die Schulaufsicht bemühen oder zumindest ständig auf der Suche beispielsweise nach einem Legasthenie-Attest sind, um für das Kind noch mehr herauszuholen.

Niemand braucht Prophet zu sein, um zu vermuten, dass kein noch so heftiges schulpolitisches Hyperaktivitätssyndrom daran viel ändern, geschweige denn etwas bewirken wird. Die deutschen Schulen werden im internationalen Vergleich um keinen Rangplatz besser abschneiden, wenn sich die Debatte um Bildungsoffensiven immer nur an die Schule richtet, die Eltern der Schüler jedoch außen vor bleiben.

Die Schule kann nicht aus sich heraus eine Steigerung des Bildungsanspruches erzielen, wenn sich immer mehr Eltern aus ihrer erzieherischen Verantwortung verabschieden. Der sprichwörtliche Mann von der Straße weiß das. Laut Umfrage des Meinungsinstituts Data-Konzept (April 2001) waren 72 Prozent der Befragten überzeugt, dass Eltern ihre Kinder nicht genügend erziehen; 67 Prozent waren der Auffassung, dass Eltern die Lehrer bei ihrer Arbeit zu wenig unterstützen. Ob auch die Mehrheit der Schulminister und Erziehungswissenschaftler das verstanden hat?

Nach wie vor nimmt der größte Teil der Elternschaft die erzieherische Verantwortung des Elternhauses ernst. Es ist zudem wohl bekannt, dass häusliche Erziehung heute vielfach unter erschwerten Bedingungen stattfinden muss. Zugleich aber kommen vermehrt die Ergebnisse familiärer Erziehungsdefizite in der Schule an. Vor allem müssen sich Schulen tagtäglich in Hunderttausenden von Fällen herumschlagen mit Schülerinnen und Schülern, die weder im Unterricht mitarbeiten noch die benötigten Materialien mitbringen, noch zu Hause einen Finger krumm machen für den nachfolgenden Schultag.

Ganz Beflissene werden die Schuld bei den Schulen sehen: Sie seien wohl nicht willens, „demotivierte" Kids zu motivieren. Doch das ist Augenwischerei. Wenn der Anteil der Eltern, die ureigene Aufgaben an die Schulen delegieren oder die aus Gründen der Bequemlichkeit auf erzieherische Einflussnahme verzichten, immer größer wird, dann hat die Schule keine Chance, die Bildungsqualität zu verbessern. Schulerfolg kommt schließlich nicht nur aus dem Klassenzimmer, sondern er braucht eine entsprechende familiäre Atmosphäre. Deshalb ist es für die Lehrerschaft ein Horror zu erleben, wenn manche Eltern sogar zehn und mehr schriftliche Mahnungen der Schule einfach abschütteln – und ihre Kinder tags drauf wieder ohne erledigte Mathe- oder Englischaufgaben in die Schule kommen.

Bildungsoffensiven sind eben nur denkbar, wenn sie von den Eltern der Schüler durch aktives Erziehen mitgetragen werden. Wenn die häusliche Vorbereitung nicht „klappt", dann „klappt" es in der Schule nicht. Dabei wären Eltern sehr wohl gehalten, Einfluss auf ihre Kinder zu nehmen: „Pflege und Erziehung der Kinder sind das natürliche Recht der Eltern und die zuvörderst ihnen obliegende Pflicht" (Grundgesetz, Artikel 6). Die Schulgesetze einiger Bundesländer spezifizieren dies mit Blick auf Schule. So heißt es im Bayerischen Erziehungs- und Unterrichtsgesetz in Artikel 76: „Die Erziehungsberechtigten sind verpflichtet, um die gewissenhafte Erfüllung der schulischen Pflichten und der von der Schule gestellten Anforderungen durch die Schüler besorgt zu sein und die Erziehungsarbeit der Schule zu unterstützen."

Elterliche Erziehung ist und bleibt die wesentliche Grundlage für schulischen Erfolg. Dies gilt übrigens bereits für die Wahl einer passenden Schullaufbahn, ohne die Heranwachsende nicht angemessen gefördert werden. Und Eltern sollten verinnerlichen, dass Lernen mit Tätigkeit und Anstrengung, weniger mit Unterhaltung oder Konsum zu tun hat.

Das Einlösen selbstverständlicher Erziehungsgrundsätze ist leider schwierig geworden. Die Schulen bringen, weiß Gott, viel Verständnis auf, wenn die häusliche Erziehung in unvollständigen Familien stattfinden oder permanent gegen zweifelhafte mediale Vorbilder angehen muss. Eltern brauchen zudem nicht zu Nachhilfelehrern der Nation zu mutieren oder in der Volkshochschule Latein- oder Mathe-Kurse zu belegen, um den Sohn oder die Tochter zum Schulabschluss zu bringen. Und Eltern müssen nicht auf das vermeintliche Allheilmittel der Nachhilfe ausweichen und unnötiges Geld in vierstelliger Summe investieren.

Schulpädagogische Höhenflüge indes bewirken nichts. So trivial es sein mag: Eltern sollten in erster Linie dafür sorgen, dass ein Kind für die Hausarbeiten und für das Lernen Gewohnheiten entwickelt. Dazu gehören feste häusliche Arbeitszeiten und ein passender Arbeitsplatz mit allen benötigten Arbeitsmitteln. Dazu gehört, dass sich die Kinder rechtzeitig den Stundenplan des Folgetages vergegenwärtigen, um wenigstens die Schultasche vollständig packen zu können. Eltern sollen sich zudem zumindest bis zur achten Jahrgangsstufe regelmäßig ein Bild davon machen, welche Hausaufgaben ein Kind zu erledigen hat und welche Leistungserhebungen anstehen.

Beinahe noch trivialer, aber längst nicht mehr selbstverständlich: Eltern müssen darauf achten, dass ihre Kinder eine sinnvolle Ernährung haben. Schulsekretärinnen wissen ein Lied davon zu singen, wie viele Schülerinnen und Schüler sich bereits um acht Uhr ins Erste-Hilfe-Zimmer der Schule legen möchten, weil ihnen schlecht oder schwindlig ist. Tatsächlich hat die Hälfte dieser „Kranken" nicht gefrühstückt.

Grundsätzlich muss die Schule Priorität vor Freizeit- oder Jobinteressen haben. Clevere Eltern sorgen zwar durchaus für einen Ausgleich zum Lernen und Arbeiten durch Bewegung, Sport und Spiel sowie durch kulturelle Anregungen. Sie achten aber zugleich darauf, dass das Freizeitverhalten und der Medienkonsum nicht zum Stress werden.

Elternhaus und Schule sind Partner in der Erziehung. Im Rahmen einer solchen Erziehungspartnerschaft müssen sich beide ehrlich klarmachen, wer was zu machen hat und wer was besser kann. Die Aufgabe der Schule, vor allem der weiterführenden Schule, umfasst hauptsächlich Bildung, die Aufgabe der Eltern – auch als Voraussetzung für Bildung – ist insbesondere das Erzieherische. An erster Stelle heißt das: Eltern dürfen der Schule keine Aufgaben zuweisen, die sie nicht originär und nicht allein leisten kann, also Freizeit-, Konsum-, Medien-, Gesundheits- oder Umwelterziehung. Jeder hypertrophe schulische Erziehungsanspruch belastet die originäre Aufgabe der Schulen, nämlich deren Bildungsaufgabe.

Partnerschaftlich zu kooperieren heißt sodann: Wechselseitige substanzlose Schuldzuweisungen zwischen Eltern und Lehrern müssen unterbleiben. Eltern sollten schulische Hinweise bzw. Entscheidungen ernst nehmen und nicht ohne Grund in Zweifel ziehen. Ein Beispiel: die schulische Notengebung. Wenn Eltern die Professionalität der Lehrer unterminieren, belastet das die Bereitschaft der jungen Menschen, sich anzustrengen und Eigenverantwortung zu übernehmen. Ein anderes Beispiel: Rüpeleien. Solch unerzogenes Verhalten von Schülern beeinträchtigt den Bildungsauftrag der Schule ungemein. Eltern haben also im Interesse ihrer eigenen Kinder und im Interesse der anderen Schüler die Pflicht, dafür zu sorgen, dass sich ihre Kinder ein Sozialverhalten und ein Sprachniveau aneignen, das ein Arbeiten in der Schule erst ermöglicht.

Nicht nur die Schule ist beim Schulerfolg entscheidend. Wahrscheinlich kommt es sogar noch mehr darauf an, welche Kinderstube die Schüler erlebt haben. Man kann Eltern zu dieser Einsicht nicht zwingen, weder mithilfe des Jugendamtes noch mit Hausbesuchen der Lehrer. Aber man kann diese Einsicht immer wieder unters Volk bringen. Das muss man auch, denn sonst bleiben alle Bildungsoffensiven auf Sand gebaut.

weitere Informationen:
www.data-konzept.de

Literaturtipp:
Josef Kraus, Spaßpädagogik. Sackgassen deutscher Schulpolitik

HERMANN HORSTKOTTE

Ausweg nicht garantiert

Die Veranlagung zur Gewalttätigkeit zeigt sich oft schon in der frühen Kindheit. Meist wird sie aus falscher Elternliebe zu spät ernst genommen. Die Jugendpsychiatrie des Universitätsklinikums in Frankfurt am Main bietet eine „Aggressions-Sprechstunde" als Soforthilfe in Extremfällen an.

Ein Vierzehnjähriger, der seinen Mitschüler mit einer Schlinge bis zur Ohnmacht würgt; ein Schulschwänzer, der in Serie Autos knackt, um sich das Rauschmittel Cannabis kaufen zu können; ein Sohn, der seinen Vater verprügelt – sie gehören zu den Halbwüchsigen, die von ihren Eltern oder dem Jugendamt dem Psychiater Klaus Schmeck und der Psychologin Christina Stadler in der „Aggressionssprechstunde" der Uni-Klinik Frankfurt am Main vorgestellt werden. Einen Termin dafür gibt's binnen Wochenfrist; in Klinikambulanzen oder Praxen sind oft monatelange Wartezeiten üblich.

„Fünf bis sechs Prozent aller Minderjährigen wachsen mit aggressionsbedingten Verhaltensstörungen auf", sagt Oberarzt Schmeck. Jungen sind etwas häufiger betroffen als Mädchen. Aber: Aggression (von lateinisch aggredior „herantreten, angreifen, anklagen") ist für ihn und seine Fachkollegen nicht per se etwas Negatives, sondern „ein wesentlicher Teil des menschlichen Verhaltens und zur Selbst- und Arterhaltung notwendig". Einzelne und Gruppen streben beispielsweise nach Einfluss auf andere.

Ein natürliches Temperament, das „hohe Neugier mit niedriger Sorge um Schadensvermeidung" verbindet, kann zum sozial akzeptierten, gar bewunderten Testpiloten oder Forschungsreisenden disponieren, unter ungünstigen Umständen jedoch auch zum antisozialen Gewalttäter. Unterdurchschnittliche Impulskontrolle kann „zu Kreativität wie zu Kriminalität führen, zu Kühnheit wie zum Alkoholismus".

Aggression wird zu „gestörtem Sozialverhalten", wenn sie von der Gemeinschaft moralisch verurteilt wird, im zivilen Leben also etwa auf Kränkung, Verletzung oder gar Tötung zielt. Solch destruktives Verhalten ist laut Schmeck „das stabilste aller frühzeitig, schon im Kindes- und Jugendalter erfassbaren Persönlichkeitsmerkmale". Eine gut ausgebildete Kindergärtnerin müsste dafür einen Blick haben. Ein Lehrer ebenfalls. „Aber die meisten Kinder und Jugendlichen kommen viel zu spät zum Arzt."

Wer in der Aggressionssprechstunde erscheint, hat in aller Regel bereits eine ziemlich lange Negativkarriere hinter sich. Psychologin Stadler berichtet von einem Mädchen, das ihr erstmals mit 16 Jahren vorgestellt wurde: als Jugendliche ohne Mitgefühl (Empathie), was schon auf eine Hirnschädigung hindeuten kann; als untragbar von der Schule verwiesen; als verlogen, also mit einem Mangel an „Gewissensbildung", wie sich Stadler ausdrückt. Eine Jugendliche aus „instabilen" familiären Verhältnissen, die Mutter selber ein Problemfall.

Das Mädchen würde laut ärztlicher Empfehlung eine „hoch strukturierte" Umgebung mit einer engmaschigen Betreuung brauchen – von „geschlossener Unterbringung" zu sprechen klingt heute politisch-pädagogisch unkorrekt. Die Mutter selber hätte beim Jugendamt die empfohlene Obhut beantragen müssen. Sie tat es aber nicht. Als sie zwei Jahre später doch die Unterbringung in einem Heim befürwortet, hat die Behörde keinen Platz mehr für die inzwischen volljährige Tochter. Heute treibt sich die junge Frau auf dem Frankfurter Hauptbahnhof herum. „Sie hat eine ungünstige Perspektive", prognostiziert Psychologin Stadler. Dass die ehemalige Patientin verloren sei, will sie nicht gern sagen, da die Möglichkeit eines ans Wunderbare grenzenden Wandels im menschlichen Leben nicht von vornherein ausgeschlossen werden soll.

Die Therapeuten vertreten selbstverständlich kein deterministisches Krankheitsmodell im Sinne eines unausweichlichen Schicksals. Entwicklung ist für sie ein dreidimensionaler, das heißt „bio-psycho-sozialer Prozess". Die in der Pädagogik seit Rousseau vorherrschenden Grundannahmen von der Prägung des Einzelnen durch die Umwelt und seine Vervollkommnung durch Erziehung werden dabei um den Aspekt der natürlichen Grundlagen ergänzt.

Danach zu fragen, war jahrzehntelang in Deutschland tabu. Hans-Hilger Ropers vom Berliner Max-Planck-Institut für molekulare Genetik, der vor neun Jahren der gerichtsnotorischen Gewalttätigkeit von 14 Männern einer einzigen Familie nachging, berichtet: „Ich wurde beschuldigt, etwas zu erforschen, was man nicht erforschen dürfe, weil dann Moral und Recht und was sonst nicht noch alles gesprengt würden." Die untersuchte Verhaltensvariante hatte etwas mit einem Eiweiß-defekt zu tun: „Der Stoffwechsel eines Botenstoffs im Gehirn, des Serotonins, war verändert. Inzwischen hat man noch einige weitere Gene gefunden, die überschießendes Verhalten zur Folge haben können." Damals, „als wir die Sache veröffentlichten", so Hilgers, „war das noch absolutes Neuland."

Gerade um die Gestaltungs- und Einwirkungsmöglichkeiten im Erziehungsprozess erfassen zu können, ist es nötig, die natürlichen Grundlagen des menschlichen Verhaltens in Betracht zu ziehen. Darauf kommt es vor allem wegen etwaiger biologischer Handikaps (Vulnerabilitäten) an, betont Stadler. Die medizinische Diagnose kann den Bezugspersonen des Kindes bei der Lösung der Erziehungsprobleme helfen. Sonst könnte das biologisch gehandikapte Kind sich psychotisch entwickeln und das Zusammenleben in der Familie kaum mehr erträglich werden. Allerdings lassen es viele (wohlmeinende) Eltern so weit kommen.

Die individuelle biologische Ausstattung bedingt, wie Eindrücke wahrgenommen und verarbeitet werden können. So braucht das moralische Bewusstseins laut Klaus Schmeck eine entsprechende neuronale Struktur. Beide entwickeln sich im Kindes- und Jugendalter synchron. Dabei ist es aber eine rein soziale und mithin gestaltbare Frage, welche förderlichen oder abträglichen Eindrücke die Heranwachsenden erfahren, ob sie zum Beispiel die nötige Zuwendung finden. „Bei uns in der Psychiatrie ist nicht alles eine Frage der neuronalen Verdrahtung, von der mancher im Computerzeitalter gern spricht. Wir bekennen uns zur Erziehung und Bildung mit Herz." Kollegin Stadler stimmt entschieden zu: „Fürsorglichkeit muss vorgelebt werden. Und Mangel daran ist keineswegs ein Spezifikum der so genannten Unterschichten."

Die Forscher warnen vor allen pseudonaturalistischen Vereinfachungen, denen der Laie gerade bei wissenschaftlichen Untersuchungsergebnissen gern erliegt. Es bestehen beispielsweise empirisch gut nachweisbare Zusammenhänge zwischen geringer Intelligenz und hoher Neigung zu gewalttätigen Ausbrüchen. Ärger, Wut oder Angst, „Frust" kann dazu führen. „Wenn ich einen signifikanten Zusammenhang zwischen niedrigem IQ und impulsiver Aggressivität feststelle", so Psychiater Schmeck, „heißt das aber noch lange nicht, dass er andere Einflussfaktoren dominiert. Womöglich gibt es wichtigere, noch unaufgedeckte Ursachen oder Ursachenketten."

Mitunter sind Täter selber Opfer. Der Sechzehnjährige, der seinen Vater verprügelte, war von diesem jahrelang verprügelt worden – und fühlte sich endlich stark genug, es ihm heimzuzahlen. Das Beste für die Beteiligten wäre in einem solchen Fall, sie voneinander zu trennen – wenn es genügend Heimplätze sowie speziell ausgebildetes und durch wissenschaftliche „Supervision" unterstütztes Personal gäbe. Tut es aber nicht. „Dabei würde sich auch der finanzielle Einsatz lohnen", sagt Stadler, denn oft werden solche Jugendlichen später zum Sozialfall und damit sehr teuer für den Steuerzahler.

Die meisten Jugendlichen in der Aggressionssprechstunde bleiben ambulante Patienten. Eine Aufnahme in die Klinik wird auch deshalb möglichst vermieden, weil gewaltbereite Kinder andere Kranke auf der jugendpsychiatrischen Station, zum Beispiel depressive, gefährden können. Umso wichtiger ist die Elternberatung. Sie findet neben der Sprechstunde vormittags oder, für Berufstätige, abends statt.

Doch die beste Hilfe ist Vorbeugen. Eltern müssen einen konsequenten Erziehungsstil lernen. „Kinder brauchen Verbindlichkeiten", sagt Stadler. Wenn der oppositionelle Nachwuchs etwa den Mülleimer nicht raustragen will, deshalb eine gescheuert bekommt, und die Mutter schließlich doch selber geht, dann hat sie alles falsch gemacht, was man in einer solchen Situation falsch machen kann. Stadler drückt das allerdings lieber so aus: Die Mutter zeigt sich „überfordert" und hat Beratungsbedarf.

Lernen ist nach der Konstruktion des Gehirns vor allem ein Lernen aus Fehlern mit ihren unangenehmen Folgen. Es müssen nicht immer Strafen sein und schon gar keine demütigenden Prozeduren, betont die Psychologin, „wirksamer ist meist der Entzug von Vergünstigungen, zum Beispiel eines Kinobesuchs". Ein trivialer Ratschlag? Ja. Aber angemessenes, konsequentes Verhalten ist heutigen Eltern offenbar nicht mehr selbstverständlich.

weitere Informationen:
www.gesis.org/iz
www.kinderpsychiater.org
www.klinik.uni-frankfurt.de/zpsy/kinderpsychiatrie/kontakt
www.psychotherapiesuche.de
www.psychologie.at
www.schulpsychologie.de

CHRISTIAN HANEDER

Starke Eltern, starke Kinder

Auch in „normalen" Familien kommt es zu Gewalt. Kurse helfen Eltern, negative Muster aufzugeben.

„Wenn Sie mein Kind nicht erziehen, wer dann?" Viele Eltern wollen den Lehrern die Verantwortung zuschieben, ihren Kindern das Einmaleins sozialen Wohlverhaltens beizubringen. „Weit gefehlt", kontern die – und verweisen aufs Grundgesetz. Danach ist Erziehung zuerst Sache der Eltern.

Was zu Hause schief läuft, wird spätestens im Klassenzimmer offenbar – und auf dem Schulhof. Die gewaltsamen Übergriffe von Schülern gegeneinander häufen sich. Gewiss, Raufereien und Hänseleien hat es immer gegeben, aber die meisten hatten eine andere Qualität als heute. Körperverletzungen bis hin zum Mord – an Schülern und Lehrern – sind keine Ausnahme mehr. Was läuft falsch?

Das Szenario ist bekannt: Wo die Zeit knapp ist, Argumente fehlen oder nicht wirken, kommt es schnell zu Willkürhandlungen. Pädagogische Patentlösungen gibt es nicht. Klar ist aber: Zu Sozialverträglichkeit kann man Kinder nur erziehen, wenn man bereit ist, sozial verträglich zu erziehen.

Das Kursprogramm „Starke Eltern – starke Kinder" des Deutschen Kinderschutzbundes (DKSB) will Eltern dabei helfen, das Richtige zu tun. Das Programm haben die Soziologin und Familientherapeutin Paula Honkanen-Schobarth vom DKSB Aachen und Lotte Jennes-Rosenthal entwickelt; sie bauen damit auf finnischen Forschungsarbeiten auf.

„Wege in eine gewaltfreie Erziehung" weist der Verband bereits in mehreren Bundesländern auf, unter anderem in Nordrhein-Westfalen, Bayern und Hessen. Er wendet sich damit keineswegs an „Rabeneltern" und „Schlägerfamilien", sondern an Väter und Mütter, die einen respektvollen Umgang mit ihren Kindern bejahen und ihre Erziehungsarbeit entsprechend gestalten wollen.

An zwölf Kursabenden innerhalb von drei Monaten sollen Eltern lernen, sich ihrer tatsächlichen Überzeugung gemäß zu verhalten. Honkanen-Schobarth kommt es nicht auf Perfektionismus an, wie sie betont. So liegt auch das Augenmerk nicht auf dem, was die Eltern vielleicht falsch machen, sondern darauf, wie sie die momentane Situation samt zeitlichen Ressourcen so nutzen können, dass sie sich dem Erziehungsziel nähern. Ob ein Kind anfällig für Gewalt ist, als Täter oder als Opfer, hängt eng mit seinem Selbstwertgefühl zusammen. Das zu stärken ist Sache der Erzieher.

Was die Kurse bringen? Der DKSB kann auf eine wissenschaftliche Studie verweisen, die von einem Team um Sigrid Tschöpe-Scheffler, Professorin am Fachbereich Sozialpädagogik der Fachhochschule Köln, erstellt wurde. Ein Jahr lang hat die Gruppe die Elternarbeit begleitet und sie anhand von vier „Erziehungsdimensionen" evaluiert; jede davon weist entwicklungsfördernde und entwicklungshemmende Aspekte auf und stellt sie paarweise einander gegenüber: liebevolle Zuwendung/Überfürsorge, Achtung und Respekt/Missachtung, Kooperation/Dirigismus, Verbindlichkeit/Beliebigkeit. Die Studie weist nach, dass bei den Kursteilnehmern eine deutliche Abnahme von hemmendem Erziehungsverhalten in fast allen Kategorien festzustellen war.

Dabei hat sich auch gezeigt, dass es den Vätern und Müttern deutlich leichter fiel, negative Muster aufzugeben, als positive aufzubauen. So konnten sie zwar Beliebigkeiten im Erziehungsstil verringern, taten sich aber schwer, in der Familie klare Regeln, Grenzen, Rituale zu etablieren.

„Starke Eltern – starke Kinder. Wege in eine gewaltfreie Erziehung". Der Titel suggeriert Eindeutigkeit, die aber so nicht gegeben ist. Es gibt unterschiedliche Ansichten darüber, was Gewalt im Einzelnen bedeutet, denn es geht ja nicht immer um tätliche Gewalt. Gleichwohl ist das praktische Ziel des Kurses unstrittig. „Starke Eltern – starke Kinder" orientiert sich an Lebensrealität und Bedürfnissen von Kindern wie Eltern. Beide Seiten haben den Gewinn.

Das gilt um Übrigen auch für das Programm „Triple P" (Positive Parenting Program), das in Australien erprobt und 1999 von der Christoph-Dornier-Stiftung zusammen mit der Technischen Universität Braunschweig in Deutschland eingeführt wurde, zunächst in Braunschweig, Dresden, Marburg und Münster. „Triple P" versteht sich als Überlebenstraining für entnervte Eltern, die praxisnahe Erziehungshilfen für typische Stresssituationen erfahren wollen: etwa bei Wut- und Trotzanfällen der Kinder, bei frechem Benehmen, bei Aggressivität gegenüber anderen Kindern, bei nächtlichem Schreien. Auf die Frage, ob und wie sich das Erziehungsverhalten optimieren lässt, gibt es eine wichtige Antwort: Ja, es ist möglich mit viel Lob und positiver Verstärkung, aber auch mit klaren „Strafen", die allerdings nie körperliche oder seelische Gewalt sein dürfen. Die Zielrichtung heißt, selber Vorbild sein, auch oder gerade im Umgang mit dem erwachsenen Partner; sich an Regeln und Versprechen halten; dem Kind gegenüber konsequent handeln statt zwischen Drill und Schmusekurs hin- und herzuschwanken.

weitere Informationen:
www.kinderschutzbund.de
www.triplep.de

Literaturtipps:
Der Brockhaus für Eltern. Kinder verstehen, Kinder erziehen
Katharina Zimmer, Widerstandsfähig und selbstbewusst. Kinder
stark machen fürs Leben

Erziehungsführerschein

Zumindest ein paar gute Tipps nimmt jeder mit, der bei der Psychologischen Beratungsstelle der Diakonie Viersen den „Erziehungsführerschein" macht. Die Idee zu dieser Fortbildung für „ganz normale Eltern" mit Kindern im Alter bis zu zehn Jahren entstand bei Beratungsgesprächen mit Müttern und Vätern, die ihr Erziehungsverhalten verbessern wollten. Seit zwei Jahren bieten die Psychotherapeuten Jürgen Steckel und Annegret Klein-Heßling solche Grundkurse für Erziehung an. Themen sind unter anderem Erziehungsstile, Strafen, Kommunikation, Konflikte und Ermutigung. Information: Psychologische Beratungsstelle der Diakonie Viersen, Hauptstraße 120, 41747 Viersen.

BIRGITTA MOGGE-STUBBE

„Ich knall euch ab!"

Littleton und Erfurt können sich überall wiederholen, solange Desinteresse, Mobbing und banale Äußerlichkeiten den Schulalltag beherrschen. Der amerikanische Erfolgsautor Morton Rhue („Die Welle") hat das Problem in seinem neuen Jugendroman beschrieben. Bopparder Gymnasiasten setzen sich mit dem Buch und ihren Erfahrungen auseinander.

Er wolle Schüler zum Denken anregen, sagt der amerikanische Autor Morton Rhue, wenn er erklären soll, warum er Bücher wie „Die Welle" oder „Ich knall euch ab!" schreibt. Bücher also, die reale Vorfälle an Schulen aufgreifen und sie, literarisch verdichtet, zu Exempeln dafür machen, was in unserer Gesellschaft falsch läuft. „Die Welle", seit 1984 auf dem deutschen Buchmarkt und fast ebenso lange engagiert diskutierte Schullektüre, handelt von einem Faschismusexperiment an einer High School in Palo Alto/USA, das beinahe außer Kontrolle geriet und nicht nur in den Köpfen der damals involvierten Schülerinnen und Schüler tiefe Veränderungen bewirkte.

Tatsächlich ist ja die Frage, was Konformitätsdruck, Hass, Vorurteile und Machtausübung in und mit Menschen anrichten, so aktuell wie eh und je. Die Zehntklässler des Bopparder Kant-Gymnasiums kennen „Die Welle" und das unangenehme Gefühl, in einer vergleichbaren Situation vielleicht nicht selbstbestimmt zu reagieren. Sich wegzuducken statt aufzustehen. Mitzumachen statt nachzufragen.

Deshalb haben sie auch nicht erwartet, dass Rhues neuer Roman, „Ich knall euch ab!", bequeme Unterhaltung sein würde. Im Gegenteil. Schon der Titel zerrt das Massaker, das der Erfurter Gymnasiast Robert Steinhäuser am 26. April 2002 an seiner Schule angerichtet hat, nach ganz vorn ins Bewusstsein. Umso offener sind die Jungen und Mädchen für mögliche Erklärungshilfen, wann etwa Anderssein oder Aggressivität wirklich zum Problem werden.

Ist ein bisschen Mobbing okay? Herumschubsen erlaubt, solange niemand ernsthaft zu Schaden kommt? Thomas und Lisa oder Svenja sind mit ihren Klassenkameraden einig: grundsätzlich nein. Wobei sie wissen, dass es nie nur friedlich-freundlich zugehen wird, gar nicht zugehen kann, weil Temperamente und Ansichten der Leute unterschiedlich sind und immer mal „aufeinander knallen". Und auch, weil es echt fiese Charaktere gibt, mit denen man nichts zu tun haben will. Das können solche Sport-Cracks sein wie der Football-Star Sam in Rhues Roman, der weniger sportliche Schüler herumschubst und demütigt, oder betonte Außenseiter wie Gary und Brendan, die den Drill „auf engstirnige Erwartungen" ablehnen.

Die Bopparder Schüler zeichnen eine Gewaltspirale, die von dem Punkt ausgeht, der für sie der entscheidende ist: fehlende Freundschaft, fehlende Anerkennung. Die „Starken" grenzen die „Schwachen" aus. Es kommt zu Prügeleien, Demütigungen, Diffamierungen und schraubt sich zu unkontrollierten Wutausbrüchen hoch, die in Gewaltexzessen eskalieren können. Der mörderische Amoklauf zweier Schüler in Littleton/Colorado 1999, die Bluttat in Erfurt 2002 – Morton Rhue zieht in seinem Vorwort zu „Ich knall euch ab!" die Verbindungslinie: „Die Geschichte in diesem Buch ist ausgedacht. Nichts – und alles – daran ist wirklich passiert."

Und das war passiert: Am 20. April 1999, dem 110. Geburtstag von Adolf Hitler, ein mit Bedacht gewähltes Datum, erschossen zwei Schüler der Columbine High School in Littleton zwölf Schüler und einen Lehrer und brachten sich schließlich selbst um; 23 Personen hatten sie zum Teil schwer verletzt. Ihr Motiv: Wut. Wut auf die Familie, die Lehrer, die Klassenkameraden, auf alle. „Wenn ihr nur diese Wut sehen könntet, die ich in den vergangenen vier verfickten Jahren aufgebaut habe!", fordert einer der beiden Jungen dazu auf, endlich mal genau hinzuschauen, wer er ist. Und auf dem letzten Videofilm, den die Teenager kurz vor dem Massaker über sich gedreht haben, sagt er lapidar: „Ich habe das Leben nicht sehr gemocht."

Morton Rhue hat für „Ich knall euch ab!" die Columbine-Tragödie und viele andere Schießereien an amerikanischen Schulen sorgfältig studiert und nach den Ursachen für solche Gewaltakte geforscht. Seiner Ansicht nach gibt es vier „Hauptverantwortliche" für den Anstieg von Frust und Gewalt unter Jugendlichen. Erstens die Medien, die gefährliche Beispiele bieten und die Identifikationsbasis mit aggressiven Handlungen vergrößern. Zweitens die – jedenfalls in den USA problemlose – Verfügbarkeit von Schusswaffen. Drittens die schwierigen bzw. zerfallenden Familienstrukturen, so dass kaum mehr Zeit für Kinder bleibt. Viertens die quasi Selbstverständlichkeit von Mobbing, also von psychischer und verbaler Gewalt unter Kindern und Jugendlichen.

Die Schüler können dazu nur nicken. Stimmt alles, bestätigen sie, außer dass es in Deutschland nicht so einfach ist, an Schusswaffen heranzukommen. Da bräuchte man schon einen Vater, der Waffen besitzt und sie nicht sorgfältig wegschließt. Oder man müsste, wie der Erfurter Amokläufer Robert Steinhäuser, Mitglied im Schützenverein sein. Doch dann stocken die Jugendlichen. Meißen fällt ihnen ein, wo ein Fünfzehnjähriger seine Lehrerin erstach; Bad Reichenhall, wo ein Sechzehnjähriger vier Menschen und sich selbst erschoss; Köln, wo ein Sechzehnjähriger seinen Lehrer mit einer Gaspistole attackierte. Auch in Deutschland ist Schule kein geschützter Ort.

Einer der Bopparder Zehntklässler hat, was in Erfurt und Littleton – beziehungsweise in Middletown, so nennt Rhue den Tatort von „Ich knall euch ab!" – passierte, in ein Gedicht gefasst. Die Schlusszeilen lauten: „Und Kinder werden Mörder/ Die ungeliebt losschießen." So war es. Die „Columbine-Killer", die sich ursprünglich mit der Schule in die Luft sprengen wollten, hatten alle und alles gründlich über. „Ich gehe zu einem besseren Platz", lässt einer seine Eltern wissen.

Auch Rhues Protagonisten sind fertig mit dem Leben. Aber zumindest in Garys Abschiedsbrief an seine Mutter („Liebe Mom") klingt neben tiefer Hoffnungslosigkeit ein verqueres Verantwortungsbewusstsein mit: „Wenn ich bei meinem Abgang die Leute mitnehme, die mir das Leben zur Hölle gemacht haben, dann kommt vielleicht eine Botschaft rüber. Vielleicht ändert sich dann etwas, und irgendwo wird irgendein anderer Junge, der so unglücklich ist wie ich, besser behandelt und findet vielleicht einen Grund weiterzuleben."

Zugegeben, da schnellt der pädagogische Zeigefinger zu hoch. Aber die Bopparder Schüler monieren nicht ein einziges Mal, dass Klischees oder Kitsch oder Moralin dick daherkämen. Im Gegenteil. Ihre Schlüsselwörter für ein gelingendes Leben sind Liebe, Geborgenheit, Respekt, Toleranz. Auf einer Collage machen sie das plakativ deutlich: Links einer dicken Mauer steht ein abgestorbener Baum vor düster-rotem Hintergrund, die Wurzeln in tief dunklem Wasser, trauernde, gepeinigte Menschen drängen sich zusammen; rechts entfaltet ein starker Baum seine Krone, um ihn herum frühlingshaftes Grün, lachende, entspannte Menschen. Nur einer der Gepeinigten wehrt sich und versucht, die Mauer zu durchbrechen. „Es gelingt", sagt Lisa, man darf nicht aufgeben. Und es gelingt umso eher, wenn von der anderen, der „positiven" Seite jemand hilft.

Das wäre ein schönes Schlusswort. Aber so locker mögen die Zehntklässler denn doch nicht über Probleme hinweggehen. Zwar sehen sie ihr eigenes Dasein nicht gefährdet und trauen sich auch zu, sich im Schulalltag zu behaupten. Und die Lehrer, heißt es anerkennend, „greifen bei einem Streit oder Kampf direkt ein". Aber die Teenager kennen auch Gruppenzwang und Cliquenbildung, und sie haben sich auch schon als unterlegen erfahren, wenn ein Lehrer spöttisch oder sarkastisch reagiert. Aber immerhin, er reagiert, schaut nicht einfach über sie hinweg. Die Jugendlichen können damit weiterleben, verbuchen die Ungerechtigkeit irgendwann einmal unter „menschliche Schwäche".

Dagegen sind für Gary und Brendan ignorante Lehrer Schulalltag. „Die wissen genau, was da läuft", schreibt Brendan in einer E-Mail, aber sie tun nichts gegen gemeine Sprüche, Rempeleien und brutale Gewalt. Die Lehrer haben zudem noch „zwei verschiedene Arten von Regeln. Die eine gelten für die beliebten Schüler, die anderen für die unbeliebten". Im Klartext: Was den Lieblingen „sozusagen einen kleinen Klaps" einbringt, wird bei den anderen „mit einer öffentlichen Demütigung" geahndet.

Klares Votum der Kant-Schüler, so etwas nie zuzulassen. Eine Art Mitleidseffekt mit den Außenseitern baut sich auf. „Sie hatten nie eine Chance", sagt Till. Mag sein, dass Morton Rhue auf diese Reaktion spekuliert hat. Denn in seinem Roman sind die Täter letztlich nicht so kaltblütig wie das reale Vorbild. Zwar halten sie sich an das Szenario: Schüler und Lehrer werden in der Aula eingesperrt, deren Ausgänge mit selbst gebastelten Bomben blockiert; zwar schießen die Jungen gezielt – aber sie töten niemanden. Am Ende gibt es nur einen Toten: Gary, der sich selbst umbringt. Und einen lebensgefährlich Verletzten: Brendan, der von Schülern überwältigt und ins Koma geprügelt wird. Laut Buch ist der ihm zugefügte Gehirnschaden irreversibel.

Ein Schluss, der einigen Zehntklässlern zu soft ist. Sie lassen Brendan aus dem Koma erwachen und eine glasklare Erklärung abgeben „an alle, die wünschten, ich wäre gestorben": „Wenn ihr wollt, dass ich Reue zeige, muss ich euch enttäuschen. Ich tue es nicht. Im Gegenteil. Mit eurem Verhalten habt ihr mich davon überzeugt, dass ich Recht hatte."

Literaturtipp:
Morton Rhue, Ich knall euch ab!

FRANK KEIL

Vom Schnuller
bis zur Pickelcreme

Wer mit Kindern zu tun hat, kommt an den Vorträgen und Büchern des Pädagogikgurus und Bestsellerautors Jan-Uwe Rogge nicht vorbei.

Ein Pult fehlt, und auch ein Tisch mit Wasserglas ist nicht vorgesehen. Der Mann im bunten Hemd und der etwas zerknitterten Bundfaltenhose spricht frei, ohne Manuskript. Es dauert nur wenige Momente, und das Publikum lauscht hingerissen Jan-Uwe Rogge. Sein Thema heute Abend: Pubertät. Also Aufruhr und Hormone. Zoff und Tränen. Die Jungs jagen die Mädchen, die Mädchen die Jungs. Dabei unerreichbar, unansprechbar für die ratlosen Eltern. „Wäre der pubertierende Jugendliche eine Maschine", sagt Jan-Uwe Rogge listig, „kein TÜV der Welt würde eine Betriebserlaubnis erteilen." Er lässt den Satz kurz wirken, und siehe – auch der mürrische Schnauzbartträger in der zweiten Reihe muss grinsen.

Wer Kinder hat, kennt Jan-Uwe Rogge. Nicht unbedingt persönlich, aber wenigstens eines seiner Bücher. Und selbst wer keines seiner Bücher gelesen hat, der kennt zumindest den Slogan „Kinder brauchen Grenzen". Sein gleichnamiger Bestseller, 1993 geschrieben, bisher gut 300.000-mal verkauft, hat seinen Ruf als Pädagogikguru begründet. Klug sind seine Bücher, flott geschrieben, humorvoll und vor allem unterhaltsam. So anregend und spaßig sind auch seine Vorträge.

Da steht er, leicht tänzelnd, und entwickelt mit wenigen Sätzen komplexe Situationen. Oft hat man das Gefühl, es geht hier gar nicht um ernste Erziehungsfragen, sondern mehr um Kabarett. Und natürlich ist auch diese heutige Veranstaltung restlos ausverkauft. Rogge ist zugleich Seminarleiter, Kommunikationstrainer und hat nebenbei eine eigene Beratungspraxis. Der Vater eines erwachsenen Sohnes berät ratlose Eltern, Kindergärten und ganze Schulen. Für eine Woche, ein Wochenende, einen Abend. Die Nachfrage ist groß, ständig ist er unterwegs. Eben noch im südlichen Dänemark, morgen in Österreich, nächste Woche in Norditalien, und auf dem Rückweg macht er Halt in der Schweiz. Ein Reisender in Sachen Elternhilfe. Nach Slowenien ruft man ihn, nach Luxemburg, und in Deutschland war er schon überall.

„Ich mag meine Leser und Leserinnen", sagt er. Und: „Bestsellerautoren sollten sich bedanken, indem sie auch in die kleinsten Orte gehen." Nein, das ist nicht kokett. Das sieht er einfach so.

Dafür hält er sich von allem anderen fern: von Drei-Minuten-Interviews, morgens zwischen zwei Schlagern, wer denn nun für das schlechte Abschneiden unseres Landes bei der Pisa-Studie die Schuld hat. Von Statements, ob das Kind von Steffi Graf aufgrund des Medienrummels überhaupt glücklich werden kann. So etwas sollen andere machen.

Jan-Uwe Rogge wollte nicht von Anfang an Eltern beim Erziehen beratend zur Seite stehen. 1947 in der Obstbaugegend des Alten Landes bei Hamburg geboren und dort aufgewachsen, ging er nach dem Abitur zur Bundeswehr und dort zur Marine. Wechselte zur Handelsmarine und befuhr als nautischer Offizier die Weltmeere, insgesamt vier Jahre lang. „Ich hatte sicherlich das Glück, dass ich Eltern hatte, die mich auch losgelassen haben", beschreibt er die gelungene Ablösung von den Eltern, um die andere so lange ringen müssen. Er geht nach Hamburg, studiert Pädagogik, beschäftigt sich zunächst mit Medienpädagogik; gehört etwa zum Beraterteam der allerersten Staffel der Sesamstraße. Doch schlägt er eine dauerhafte wissenschaftliche Karriere an der Uni aus. Er will nicht im Wissenschaftsbetrieb versumpfen.

Schon immer hat er gerne erzählt, und vom Erzählen zum Schreiben ist es kein weiter Weg. Damit ist sein Erfolgsrezept umschrieben: Rogge erzählt Geschichten, keine Theorien. Erzählt von dem, was alle kennen aus dem täglichen Durcheinander zwischen Wecken und ins Bett bringen. Er lebt nicht von Verunsicherung. Er greift die Eltern nicht an, er polemisiert nicht. Er sagt ganz schlicht: „Die meisten Eltern machen einen prima Job." Und darauf gilt es aufzubauen. Das Angenehme an ihm: Er erhebt sich nicht moralisch. Hier bleibt einer bei seinem Thema. Ob irgendwie und überhaupt alles schlechter oder besser geworden ist in der Welt, wer will das schon wissen?

„Ich habe die Pädagogik nicht neu erfunden", sagt er wie nebenher im Gespräch und beruft sich immer wieder auf Maria Montessori und darauf, dass man den Kindern zuhören sollte, wenn man etwas über sie erfahren will. Ganz praktisch übrigens: Wer mit einem Kind sprechen will, begebe sich auf dessen Höhe. Spreche nicht von oben herab, sondern gehe in die Hocke und spreche auf Augenhöhe mit ihm. Was keinesfalls mit Kumpanei und Anbiederei zu verwechseln sei: Das Kind ist das Kind, und der Erwachsene bleibt der Erwachsene, der dem Kind Halt zu geben hat, ohne dass dieses in irgendeiner Form zu einer Gegenleistung verpflichtet ist. Erziehung – das ist Rogges scheinbar so simple Botschaft – ist kein Geschäft. Gefühle sind keine Währung.

Sein eigentlicher Vortrag ist zu Ende. Wer mag, kann jetzt Fragen stellen. Und schnell stellt sich heraus, dass seine Zuhörer keine Fragen im allgemeinen Sinne haben, sondern ihre ureigenen Alltagssituationen dargestellt haben wollen. Da ist jetzt die Mutter, die etwas zögernd berichtet, wie sie es einfach nicht schafft, dass das heranwachsende Kind sein Zimmer aufräumt. Immer wieder hat sie es angesprochen; mal geduldig, mal empört. Sie hat versucht, über alles hinwegzusehen, und dann doch in einem Anfall das Zimmer aufgeräumt und dabei schimmelige Schulbrote ans Tageslicht gezerrt, wie sie mit hochgezogenen Schultern erzählt. Rogge hört ihr aufmerksam zu. Fragt kurz nach. Alter, nach Geschwisterkindern, schulischen Leistungen, was sonst schief läuft und auch, was gelingt; wann was schön ist. Er doziert nicht. Er degradiert seine Zuhörer nicht zu Stichwortgebern. Er bittet die Fragenden aufzustehen. Manchmal holt er sie nach vorne zu sich, nimmt sie raus aus der Deckung, lässt sie nicht ihre Fragen und damit ihre Notlage vernuscheln.

Und er wird jetzt ganz ernst, so ernst wie Rogge eben wird. Klare Regeln gelte es aufzustellen, Grenzen zu ziehen. Solle doch das Kind in seinem Zimmer als seinem Reich machen, was es will, und wenn die Schulbrote anfangen sollten zu laufen, bitte schön. Der Rest der Wohnung aber bleibe tabu. Und dann doch sauber machen, das käme nicht infrage. Das sei von nun an Job des Kindes. „Um das durchzusetzen", setzt er nach, „müssen Sie aber im Vollbesitz Ihrer geistigen Kräfte sein." Und auch wenn jetzt alles lacht, so ist im selben Moment zu spüren, dass hier eine Wunde offen gelegt wird: Genau zu wissen, was man machen muss, und gleichzeitig zu wissen, dass man nicht immer in der Lage ist, einen Konflikt auch wirklich auszustehen, mit allen Konsequenzen; gebeutelt von tiefen Selbstzweifeln und dem nagenden Gefühl, einfach versagt zu haben. Er wartet, bis die Mutter sich wieder gesetzt hat, und auch dann hält er den Blickkontakt noch eine Weile aufrecht. Und alle im Raum haben gespürt, dass hier nicht mal eben ein Erziehungsproblem auf heitere Weise erledigt wurde.

Auch dazu gibt es eine Geschichte, selbstverständlich: Da ist Jan-Uwe Rogge dabei, seine Ausbildung zum Nautiker abzuschließen. Er erhält von einem altgedienten Kapitän entsprechenden Unterricht, damals in der zweiten Hälfte der Sechziger, als die Radarnavigation aufkommt. Doch sein Lehrer beharrt trotz allen technischen Fortschritts auf dem Fahren nach Sicht, nach Gehör, ja, nach Gefühl. Wenn Nebel kommt, müsse man in ihn hineingucken, in ihn hineinhorchen: Diesen scheinbar so paradoxen Rat befolgt der heute so erfolgreiche ehemalige Nautikschüler noch immer.

„Mein Großvater", sagt Rogge mit bewegter Stimme und zieht wieder eine Verbindung zu seiner eigenen Kindheit, „mein Großvater konnte Windrichtungen riechen." Er fasst zusammen: „Die Entwertung von Erfahrung ist problematisch. Sie beraubt uns unserer Wurzeln." Was den Umgang mit Medien keineswegs ausschließe.

Und wieder kehrt er, der in einem Haus zusammen mit Eltern, Großeltern und Urgroßeltern aufgewachsen ist, zu seinen Großeltern zurück: Die hatten 1955 und damit vergleichsweise früh einen Fernseher in der Wohnstube stehen, vor dem sich die mehrköpfige Familie versammelte; und wie er zugleich den Urgroßeltern, deren Augen nicht mehr so mitspielten, regelmäßig aus der Zeitung vorlas, als kleiner Junge. Er wird vergleichsweise zornig, wenn er das Ausmustern der älteren Generation via Vorruhestand anprangert: „Hier schickt man biografisch geprägtes Wissen in die Pension." Und er wird wieder sanft: „Das Schöne an Großeltern ist, sie labern nicht so viel." So plädiert er mit Worten und seiner ganzen Haltung für Gelassenheit und Ruhe. Fordert als Mann nicht zuletzt die Männer, die sich so wenig an der Erziehung beteiligen, dazu auf, sich bei allem guten Willen und allem schlechten Gewissen nicht zu übernehmen.

Und schon erzählt er wieder eine Geschichte, dabei wollte er jetzt wirklich aufhören: Die von dem Vater, der abends angesichts der schlechten Schulnoten der Tochter und der deshalb sich häufenden Streitigkeiten zwischen Mutter und Tochter auf den Tisch haut und verkündet, dass jetzt alles anders werden wird und dass er sich jetzt darum kümmern wird und wie er sich das genau vorstellt. Nämlich: Wenn er nach Hause kommt, dann wird von nun an eine Stunde lang geübt, basta! Und der gar nicht mehr mitbekommt, wie Tochter und Mutter längst wieder vereint hinter seinem Rücken grinsen. Denn solche Anfälle bekommt er regelmäßig, und sie wissen ja, was am Ende davon bleibt: nämlich nichts.

Seit einiger Zeit hat Rogge immer wieder Kinder befragt; dann, wenn es sich gerade ergab: Was wünscht ihr euch? Und ihm – dem Profi – ist eines aufgefallen: Die Wünsche der Kinder sind viel philosophischer und umfassender, als man sich das gemeinhin vorstellt. Etwa: Wir wollen von unseren Eltern angenommen werden, so wie wir sind. Oder: Wir wollen nicht ständig verglichen werden mit anderen Kindern. Rogge hofft sehr, dass man seine Bücher nicht für diesen Wettbewerb missbraucht; dass man sie nicht wie Montageanleitungen liest, und er unternimmt alles, damit die Gefahr möglichst klein bleibt. „Kinder werden immer unter einer Zukunftsperspektive betrachtet", umreißt er das Dilemma heutiger Erziehung: Bald kommst du in den Kindergarten, nun folgt die Schule, jetzt geht's aufs Gymnasium. Keine Zeit bleibt für die Gegenwart.

Er selbst sorgt gut für sich. Zwölf Wochen Urlaub im Jahr, das ist Standard. Er richtet sich dabei nach seinem Biorhythmus, und es ist ihm einerlei, ob der Monat, in dem er sich zurückziehen will, ein guter Veranstaltungsmonat ist oder nicht. „Ich bin nicht käuflich", sagt er und verrät, was seine Urlaubslaune beeinträchtigen kann: Wenn er am Strand liegt und jemand kommt auf ihn zu, um ihn für eines seiner Bücher überschwänglich zu loben und damit in ein Gespräch zu verwickeln: „Aber zum Glück gibt es ja noch viele Ecken auf dieser Welt, wo ich unerkannt urlauben kann."

weitere Informationen:
www.jan-uwe-rogge.de

Literaturtipps:
Jan-Uwe Rogge, Kinder brauchen Grenzen
Jan-Uwe Rogge, Bettina Mähler, Lauter starke Jungen. Ein Buch für Eltern

III
Die Rolle der Medien

Zu den Patentrezepten gegen Gewalt gehört die Forderung, zu kritischem Medienumgang zu erziehen. Das ist richtig – und sehr bequem, solange diese Aufgabe vor allem der Schule zugewiesen wird. Verantwortlich sind zuerst die Eltern. Verantwortlich sind aber auch die Hersteller und Betreiber von Fernseh- und Videofilmen, PC-Spielen und Internetprogrammen.

Andreas Öhler

In der Bilderfalle

Nach Erfurt muss die Fernsehkultur neu überdacht werden. Die Instrumentalisierung der Trauer ist ein Lehrstück über die gegenseitige Abhängigkeit von Politik und Kameras.

Da hilft kein Wegsehen. Wir leben in einer Gesellschaft, in der die Medien von ihrer ursprünglichen Aufgabe, Ereignisse sachgerecht und möglichst transparent zu übermitteln, mehr und mehr abrücken. Stattdessen zelebriert sich die Medienkultur selbst als Ereignis und verkauft die Tatsache, dass es sie gibt, bereits als Inhalt. Jede Nichtigkeit wird zum kultverdächtigen Mega-Event aufgeplustert, je nach Programmschema und Belieben werden die Gefühlsregister gezogen, Emotionen abgerufen, seriell Glücksgefühle, Mitleid, Ressentiments und Betroffenheit erzeugt.

Als aus „Nachrichtenübermittlern" „Nachrichtenmacher" wurden, hätte uns diese sublime Begriffsverschiebung sofort misstrauisch machen müssen, bezeichnet sie doch einen Paradigmenwechsel hinsichtlich des Berufsethos einer Zunft, die sich einst als „Bote" verstand und nun weitgehend ins Inszenierungsfach hinübergewechselt ist. Ein solches Binnensystem der unablässigen Selbstbefruchtung, dem das Fernsehen zunehmend huldigt, nennen die Kommunikationswissenschaftler Selbstreferenzialität. Die Zuschauer mögen das System erahnen oder nicht, sie nutzen die Medien als Unterhaltungsanbieter. Das genügt ihnen. An Wahrheitsübermittlung im Fernsehen glaubt laut Umfragen ohnehin niemand mehr so richtig.

Ins Wanken gerät dieses System jedoch immer dann, wenn plötzlich im „Paralleluniversum Wirklichkeit" etwas geschieht, was den Rahmen des eingespielten televisionären Emotionskataloges sprengt. Der Terrorangriff auf das World Trade Center am 11. September 2001 war so ein Augenblick. Das Massaker in Erfurt am 26. April 2002 ebenfalls. Der Schock der bundesdeutschen Gesellschaft nach dem mörderischen Amoklauf des Gymnasiasten Robert Steinhäuser ist zweifellos echt, und die Politiker, welcher Couleur auch immer, sind Teil dieser Gesellschaft. Doch plötzlich entsteht ein mediales Vermittlungsproblem.

Ein Politiker, der ansonsten bei jeder verwertbaren Gelegenheit Mikrofone und Kameras auf sich gerichtet sehen möchte und üblicherweise keiner telegenen moralischen Wertedebatte aus dem Wege geht, eilt – durchaus von echten Gefühlen ergriffen – zum Schreckensort und gerät damit unweigerlich in die „Telefalle", an deren Emotionsinszenierungen er doch sonst immer gerne partizipierte. Ist dazu noch ein Wahljahr, in dem jeder öffentliche Auftritt sofort medial ausgeschlachtet wird, gerät in solch dramatischen Schockmomenten jede noch so ehrliche Haltung vor der Kamera unweigerlich zur verzerrten Mediengrimasse. Außerhalb der Studios und angekommen in der „Echtzeit", werden dem Politiker nun Verlautbarungen abgepresst, wo er lieber schweigen würde. Schweigt er jedoch, wird sein Verstummen wiederum politisch kommentiert.

Vor der Kamera wirkt mittlerweile Authentisches oft aufgesetzt und posenhaft, es wird zum Zerrbild. Und zwar deshalb, weil allzu oft gefälschte Gefühle im Fernsehen für echt ausgegeben werden. Die mediale Aufmerksamkeit verlangt ihren Protagonisten gnadenlos und unaufhörlich bedeutungsschwangere Gesten und Worte ab und verbietet jede Form des Rückzugs in die Intimität privater Gefühle. Den Deutschlandfunk etwa beschäftigte nach den Erfurter Morden unablässig die Frage, ob sich der Außenminister ins Kondolenzbuch einträgt oder nicht – als ob damit etwas über seine Trauer gesagt sei. Da nimmt es doch nicht wunder, wenn die Politiker, die dieser Medienfalle offenkundig nicht entrinnen können, die Kanäle für ihre Zwecke instrumentalisieren. Denn dass Krisen und Katastrophen immer eine kollektive Verunsicherung mit sich bringen, ein engeres Zusammenrücken der Gemeinschaft erzeugen, und dies die große Stunde der politischen Verantwortungsträger ist nach dem Motto „Näher, mein Volk zu mir!", ist eine alte Binsenweisheit.

Da bleibt es leider auch nicht aus, dass politische Kontrahenten eifersüchtig mit Argusaugen darüber wachen, dass der politische Gegner im Betroffenheits-Schaulaufen, zu dem in erster Linie die Medien und erst in zweiter Linie die Politik anstiften, auf keinen Fall an allererster Stelle, gleichsam in der moralischen Pole-Position starten soll.

In einem solchermaßen veräußerten, auf Medienwirkung ausgerichteten gesellschaftlichen Milieu muss jedes wirklich tiefe In-sich-Gehen, jeder Moment der echten Besinnung, wie sie von der Erfurter Bevölkerung nach der Schreckenstat tatsächlich geleistet wurde, medial auf der Strecke bleiben. Doch nicht etwa deshalb, weil die Menschen, die in den Medien arbeiten oder in der Politik Verantwortung tragen, besonders abgebrüht oder zynisch wären, ist unsere Medienkultur zu dem geworden, wie sie sich heute darstellt.

Wir alle sind in unserer unablässigen Gier nach neuen Kicks und Thrills einem medial vermittelten emotionalen Overkill erlegen, der uns irgendwann gänzlich außerstande setzt, authentische Gefühle von vorgetäuschten Emotionen zu unterscheiden, Haltung von Unterhaltung zu trennen. Unseren Kindern, deren Flucht vor der Realität in virtuelle Welten uns zuweilen zu schaffen macht, können wir kein Vorbild sein, solange wir selbst genussvoll allabendlich einer Medienkultur frönen, die alles andere schult als die Fähigkeit gesteigerter Wirklichkeitswahrnehmung. Solange den Medien an der Sensation der Ereignisse mehr gelegen ist als an deren Exposition, kann mithilfe der Fernsehlandschaft der jüngeren Generation kein vernünftiges Realitätsempfinden übermittelt werden.

Solange in Medien und Politik sich einer als des anderen Geisel empfindet und sich das Handeln der Politiker vornehmlich medienopportunen Vorgaben unterwirft, so lange werden sie das

Stigma des Fadenscheinigen und den Verdacht bloßer Lippenbekenntnisse und der Augenwischerei, die oft auch als Argument für die zunehmende Politikverdrossenheit herhalten müssen, in unserem Lande nicht aus der Welt schaffen.

Da hilft es auch nicht, immer dann eine politische Wertediskussion herbeizureden und mit mediengerechtem Aktionismus Handlungsfähigkeit zu suggerieren, wenn es schon gebrannt hat. In Momenten gesellschaftlicher Ohnmacht sind politische Machtworte unangebracht. Politik und Medien sollten daraus ihre Schlüsse ziehen: Die Trauer und das Entsetzen Erfurts hätten auch ohne Kameras stattgefunden. Die Menschen, die sich dort zusammenfanden, waren sich selbst genug.

Literaturtipp:

Klaus Merten, Gewalt durch Gewaltdarstellung in den Medien? Zyklen und Sündenböcke, (Internet www.forschung-und-lehre.de)

TILMANN P. GANGLOFF

Der Kampf zwischen Gut und Böse

Zu viel Actionfilme und Computerspiele? Zu viel Gewalt? Wie Kinder damit umgehen, hängt stark von ihren Erfahrungen in Familie und Umfeld ab.

Kinder erleben im Fernsehen fast täglich ein erhebliches Ausmaß von Aggression und Gewalt. In Actionfilmen, Krimiserien und sogar in den Zeichentrickstrecken der kommerziellen Sender wird immer wieder dieselbe Botschaft transportiert: Der Zweck heiligt jedes Mittel. Denn die Gegenspieler der Helden sind in der Regel grausam und verschlagen; erst ihre völlige Vernichtung garantiert den Sieg.

Zugegeben: Den jungen Zuschauern wird die Erkenntnis verwehrt, dass man Konflikte mit weitaus differenzierteren Mitteln lösen kann. Aber greifen sie deshalb zwangsläufig auch selbst zur Gewalt? Das vom Verein „Jugend Film Fernsehen" (JFF) getragene Münchener Institut für Medienpädagogik in Forschung und Praxis hat analysiert, wie Kinder Gewalt in den Medien wahrnehmen und verarbeiten. Die Studie ergab: Gewalt ist nicht gleich Gewalt, denn die Kinder empfinden physisch aggressive Akte erst ab einem bestimmten Punkt als bedrohlich. Diese Schwelle wird aber oft genug überschritten. Wenn Blut fließt, wenn man sich mit den Opfern identifizieren kann oder wenn die dargestellte Gewalt für das Kind unbegreiflich ist, dann machen die Bilder Angst.

Über die Konsequenzen der Gewaltdarstellungen streitet die Wirkungsforschung seit Jahrzehnten. Die Anzahl der Studien, die dieses Phänomen erforscht haben, dürfte mittlerweile bei weit über 5000 liegen. Dargestellte Gewalt bleibt völlig folgenlos, sagen die einen; dargestellte Gewalt macht Menschen zu Monstern, fürchten die anderen.

Seit der Einführung des kommerziellen Fernsehens Mitte der achtziger Jahre und durch die Verbreitung von Video- und Computerspielen ist die Darstellung von Brutalitäten unverhältnismäßig stark gestiegen, die Gewalt in der Gesellschaft hat aber nicht annähernd in gleichem Maße zugenommen. Nur weil ein Jugendlicher gern Actionfilme sieht und „Ballerspiele" spielt, wird er nicht automatisch zum Amokläufer. Im Gegenteil: Diese Filme und Spiele bieten gerade männlichen Jugendlichen die Möglichkeit, auf einer symbolischen Ebene den Umgang mit Gefahr, Aggression, Gewalt oder Angst zu simulieren.

Der Kampf zwischen Gut und Böse ist ohnehin fester Bestandteil vieler populärer Geschichten; das ist bei „Harry Potter" nicht anders als in den Disney-Filmen. Viele fühlen sich angesichts von Schlagzeilen, die, wie jetzt wieder, eindeutige Bezüge zwischen Fernseh- oder Kinogewalt und jugendlichen Untaten herstellen, bestätigt. Schlichte Erklärungsmuster sind eben leichter zu verbreiten als komplizierte Wirkungstheorien.

Doch es ist kurzsichtig, aus der Anzahl von Fernsehleichen auf eine Zunahme zerstörerischer Gewalt im Alltag zu schließen. Selbst bei Kindern und Jugendlichen aus problematischen Lebensumständen wirkt sich mediale Gewalt nicht automatisch verstärkend aus. Allerdings kann Gewalt in den Medien problematische Lebensumstände verstärken.

Entscheidend sind in jedem Fall die biografischen Voraussetzungen. Kinder, die ihre Freizeit bevorzugt mit gewalthaltigen Computerspielen oder Videofilmen verbringen und dann aggressiv werden, wären auch ohne diese Medien verhaltensauffällig geworden. Die kriminalistische und die neurobiologische Forschung benennen drei Faktoren, die das Risiko für jugendliche Gewaltbereitschaft drastisch erhöhen: die Erfahrung innerfamiliärer Gewalt, eine gravierende soziale Benachteiligung der Familie sowie schlechte Zukunftschancen aufgrund eines niedrigen Bildungsniveaus. Wer also glaubt, das Problem wäre gelöst, wenn man Actionfilme und brutale Ballerspiele verbietet (was ohnehin nicht durchführbar ist), der verkennt auf fatale Weise Ursache und Wirkung.

Klar wird aber: Wer tagtäglich, etwa im Elternhaus, körperliche Gewalt als erfolgreiches Mittel der Durchsetzung erfährt, der wird sein Weltbild durch Filme, in denen Konflikte gleichfalls mit Gewalt gelöst werden, bestätigt sehen. Die Spuren der Aggressivität führen in den meisten Fällen ins Elternhaus. Viele Kinder sind psychisch und nervlich gestört, sozial verwahrlost, vielfach auch vernachlässigt oder gar misshandelt. Diese Kinder fallen dann im Kindergarten und in der Schule als aggressiv und gewalttätig auf. Alternatives Erklärungsmuster ist ein Leistungsdruck, dem Kinder nicht standhalten. Misserfolg führt leicht zu einer starken Verletzung des Selbstwertgefühls, was zu einer Steigerung des Aggressionspotenzials führen kann. Das Fernsehen abzuschaffen ist also keine Lösung, bei den Lebensbedingungen der Kinder muss angesetzt werden.

weitere Informationen:
www.jff.de

Literaturtipps:
Tilmann P. Gangloff, Ich sehe was, was du nicht siehst. Medien in Europa. Perspektiven des Jugendschutzes
Tilmann P. Gangloff, Schlechte Nachrichten – schreckliche Bilder. Mit Kindern belastende Medieneindrücke verarbeiten

Stichwort Jugendschutz

Der Kinder- und Jugendschutz umfasst alle Maßnahmen gegen Einflüsse, die der körperlichen und seelischen Gesundheit von Minderjährigen schaden können, insbesondere Alkohol und Zigaretten, Gewalt und Pornografie in den Medien. Am 21. Juni 2002 hat der Bundesrat die Novelle des Jugendschutzgesetzes von 1985 verabschiedet, weil die alte Fassung den heute existierenden Medien nicht mehr gerecht wurde. Die Neuerungen betreffen die Bereiche Trägermedien (also zum Beispiel Filme, Videos, Bücher, Zeitschriften, CD-ROMs, DVDs und Computerprogramme) und Tabakkonsum. Alle Regelungen zum Thema „Alkohol und Jugendliche in Gaststätten, Diskotheken etc." bleiben bestehen.

Das neue Gesetz tritt in Kraft, wenn die Länder den „Jugendmedienschutz-Staatsvertrag" unterschrieben haben.

Künftig müssen Computerspiele und Bildschirmspielgeräte mit differenzierten Altersfreigaben gekennzeichnet sein; Händler und Eltern wissen dann genau, welche Angebote Kindern und Jugendlichen nicht zugänglich gemacht werden dürfen. Verstöße können mit Strafen von bis zu 50.000 Euro belegt werden, bislang waren es maximal 10.000 Euro.

Die Bundesprüfstelle für jugendgefährdende Medien (bislang: jugendgefährdende Schriften) kann auch ohne Antrag Medien aller Art auf eine Verbotsliste setzen. Fernsehsender dürfen von der Bundesprüfstelle indizierte Filme nicht ausstrahlen.

Trägermedien, „die den Krieg verherrlichen, die Menschen in einer die Menschenwürde verletzenden Weise darstellen oder Jugendliche in geschlechtsbetonter Körperhaltung zeigen", sind auch ohne Indizierung mit weitreichenden Abgabe-, Vertriebs- und Werbeverboten belegt.

weitere Informationen:
www.bmfsfj.de
www.online-jugendschutz.de

WOLFRAM KNORR

Reif für die Insel

Seit Erfurt stehen Computerspiele unter Generalverdacht. Aber: „Civilization 3" oder „Port Royal" sind gehobene Pixelkunst. Ballern kann der Spieler dabei vergessen. Er kämpft gegen das Programm.

Das Urteil war vernichtend. Es sei ein „Hochverrat an der Menschheit", das „hässliche Leidenschaften" fordere, wie etwa: „Traurigkeit, Unwillen, Missvergnügen, Eifersucht und Neid, Trotz und Eigendünkel, Müßiggang und Unzucht." Nicht genug damit; auch „Schlagflüsse" und „Epilepsie" löse es aus. Indes, der Umgang mit Computerspielen, die nach den schrecklichen Ereignissen in Erfurt angeprangert werden und zur Disposition stehen, war damit nicht gemeint – wohl aber das Buch.

Autor der Philippika war der Pädagoge Johann Georg Heinzmann, dessen vehementer „Appell an meine Nation über Aufklärung und Aufklärer. Über die Pest der deutschen Literatur" 1795 erschien. Ein verschrobener Einzelfall war das nicht. Es wimmelte von Gegnern. Das gedruckte Zeugs schien vielen so gefährlich wie heute das „Daddeln" an den Konsolen. Und das hatte Gründe: Ein modernes Druckverfahren hatte die rasche Verbreitung des Buchs ermöglicht und die einsetzende „Lesesucht" der Kontrolle der Eliten entzogen. Es entstand das, was heute wieder mal virulent ist: die Angst vor norm- und sinnzerstörender Traditionsauflösung.

Die hemmungslose Kommerzialisierung der Computerspiele ist die eigentliche Ursache für das neuerliche Unbehagen in der Kultur. Katastrophen wie den mörderischen Amoklauf in Erfurt versucht man mit dem Rückgriff auf noch nicht kulturell verarbeitete Medien zu erklären. Schon gehen Reporter auf die Pirsch, um in Kaufhäusern zu fahnden, was die Kids dort alles spielen können, ohne kontrolliert zu werden, und was der Markt sonst an Scheußlichkeiten bietet. Wie in längst vergangenen Zeiten wird auch heute befürchtet, das neue Medium beeinflusse negativ die Entwicklung des Heranwachsenden. Wie damals heißt es auch heute, das neue Medium mache aggressiv, es führe zur Nachahmung und verrohe die Psyche.

Rituale der Warnung, der vehementen Kritik bis zur gänzlichen Ablehnung wiederholten sich bei jedem neuen Medium, sobald es in den kommerziellen Kreislauf aufgenommen wurde. Vor Comics wurde mit den gleichen Argumenten gewarnt wie vor dem Radio, dem Film und dem Fernsehen. Marshall McLuhan, der Medien-Guru aus den sechziger Jahren, schrieb hellsichtig: „Ein neues Medium ist nie ein Zusatz zu einem alten und lässt auch nicht das alte in Frieden. Es hört nicht auf, die älteren Medien zu tyrannisieren, bis es für diese neue Formen und Verwendungsmöglichkeiten findet."

Die Computerspiele sind dabei, eine „kopernikanische Wende" herbeizuführen. Sind Film, Fernsehspiele, Theater, Radio und Comics noch, bei aller Unterschiedlichkeit, der linearen Aufnahmefähigkeit des Buchdrucks verhaftet, öffnen die Spiele eine neue Dimension. Sie entspricht der Informationsflut, die simultan hereinbricht. Erfahren wir von einer ökologischen Katastrophe, einem Korruptionsskandal oder einer Firmenpleite, dann reagieren zunächst nur die autonomen Teilsysteme und setzen sich mit den jeweiligen Lösungen auseinander. Sie wenden sich auf sich selbst an, reagieren selbstreferenziell.

Die Industrie reagiert auf das Umweltdesaster nach eigenem Code; ähnlich beschränkt reagiert die Politik, die Wirtschaft. Irgendwann sind die Codes überfordert und wuchern in die angrenzenden Teilbereiche: Die Industrie fängt an, die Wirtschaft für die Katastrophe verantwortlich zu machen, die Politik die Medien, die Belegschaft die Firmenleitung und so weiter, bis alle Teilbereiche laokoonhaft ineinander verschlungen sind und der

Zaungast sich gegängelt und manipuliert fühlt (obwohl auch er natürlich Teil eines autonomen Systems ist).

Die Computerspiele sind ein Reflex zum einen auf die ineinander greifenden Geschehnisse und zum anderen auf das Ohnmachtsgefühl, das den Bürger dabei beschleicht. Die Games spiegeln exakt diesen gesellschaftlichen Zustand wider. Sie folgen einer nichtlinearen Dynamik und erfassen dabei komplexe Systeme; in den Schulen findet diese Entwicklung kaum Beachtung. Dabei sind es gerade die Jugendlichen (wie schon beim Buch), die den Umgang mit den Spielen suchen, um die Komplexität der laufenden Ereignisse wenigstens im Spiel zu bewältigen.

Wenn Computer-Games einen Vorläufer haben, ist es weniger der Film als vielmehr das Brettspiel Schach. Es war die erste Herausforderung vielfach vernetzter Auflösungsmöglichkeiten. Der Spieler muss bei jeder Entscheidung die möglichen Gegenreaktionen mit Türmen, Bauern, Springern und Läufern (die alle unterschiedliche Eigenschaften haben) in seine Überlegungen miteinbeziehen, um die Partie nicht zu verlieren. Computerspiele potenzieren den Reiz durch ihre visuelle Gestaltung, die längst in den 3-D-Bereich vorgedrungen ist und die Simulationslust erhöht. Die Anfänge machten anspruchsvolle Spiele wie „Sim City" oder „Sim Tower", die die Möglichkeit boten, eine komplett funktionierende Kommune aufzubauen oder ein Hochhaus wirtschaftlich zum Blühen zu bringen.

Der Spaß bestand darin, Wirtschaft, Industrie, Wohngebiete in verschiedenen Dichtegraden zu errichten. Entschloss man sich, eine Wohnsiedlung zu bauen, musste genau überlegt werden, wo. Lag in unmittelbarer Nähe ein Industriekomplex, zogen die Mieter aus. Befanden sich nicht genügend Grünanlagen in der Nähe, gab es Probleme mit den Bürgern. Noch spielte das Geld keine so große Rolle, dafür war die Infrastruktur (Polizei, Feuerwehr, Hochhäuser, Supermärkte und so weiter) wichtig. Es bedurfte eines klugen Vorgehens, um zu einer funktionierenden Kommune zu kommen.

Der Schachspieler hat einen Gegenspieler; beim Computerspiel ist es das Programm, das sofort reagiert. Wurde die Feuerwehr vergessen, kam es zu Bränden; übersah man die Polizei, wucherte die Kriminalität. „Sim City" war ein Spiel, das sicherlich noch nicht mehrere Tage benötigte, um das Zusammenspiel der Teilsysteme zu erfassen; die neuen Games, etwa „Die Gilde", brauchen längst so lange. Überschaubarer war „Sim Tower", das sich „nur" auf einen Wolkenkratzer beschränkte. Aber auch hier war guter Rat teuer, etwa bei der Aufgabe, Luxussuiten auszuweisen. Welches Stockwerk ist ideal? Richtete man einen Stock tiefer ein (lautes) Büro ein oder ein Restaurant (Küchengerüche), blieben die Mieter aus – und es kamen schnell die Kakerlaken. Die Wohnung war nicht mehr verkäuflich, die Verschuldung stieg.

Inzwischen hat die Pixelkunst erheblich an Perfektion gewonnen und zeigt die Vorgänge in isometrischen Ansichten. Das, so wenden Kritiker ein, befördere Allmachtsphantasien. Doch der Vorwurf kann nur von jenen erhoben werden, die sich noch nie mit einem solchen Spiel konkret auseinander gesetzt haben. Die Allmacht wird schnell relativiert, sobald man sich auf die Bedingungen einlässt. Denn welche Figur der Spieler auch immer wählt, er ist nicht allein, von allen Seiten werden Interessen angemeldet – wie im wirklichen Leben.

Besonders eindrucksvoll sind Spiele wie „Civilization 3", „Die Gilde", „Dino Island" oder „Port Royal". All diese Games sind im weitesten Sinne „Wirtschaftssimulationen", die den Aufbau eines Gesamtsystems erfordern. In „Dino Island" ist der Spieler Manager eines Vergnügungsparks, dem zunächst eine Menge Geld zur Verfügung steht. Damit muss er den Park aufbauen – aber Obacht! Er weiß, dass er aggressive Raptoren braucht (sonst bleibt das zahlende Publikum aus), darf aber andererseits nicht zu viele in den Park holen, sonst zerstören sie die Restpopulation. Der Manager kann verschiedene Saurierarten miteinander kreuzen und neue Geschöpfe erschaffen. Auch hier kann er die Erfahrung machen, wohin es führt, den Forschergeist nicht zu zügeln (des Profits wegen).

„Port Royal" nennt sich „Aufbauspiel", das im Prinzip „Sim City" folgt, aber durch die visuelle Gestaltung erheblich aufregender ist. Der Spieler strandet mit einem beschädigten Schiff auf einer karibischen Insel und versucht, als Kaufmann Fuß zu fassen. Er muss handeln, im wortwörtlichen Sinn, und mit den Nachbarn arbeiten. Hat er es zu etwas gebracht, kann er selbst wählen, ob er auf diplomatischer Ebene seinen Erfolg weiter vorantreibt oder mit kriegerischen Mitteln. Die können zwar verführerisch sein, aber auch lukrative Geschäftsbeziehungen kappen. Die viel beklagte Aggressionslust erfährt hier eine verblüffende Relativierung: Sie zeigt die Gefahren auf, die ihn schnell zum Opfer machen können.

Zahlreich und vielfältig sind die Möglichkeiten, die durch die immer perfekter werdende Technik schier ins Uferlose schießen. Eine besonders witzige (und hinterhältige) Variante ist „Versailles 2". Der Spieler will einen Diplomatenposten bei Ludwig XIV. Das geht nur über Wissen. Ein Karrieresprung verlangt Kenntnisse der Geschichte, vor allem des spanischen Erbfolgestreits. Nur dass dies sicher nicht gerade der Stoff ist, der Jugendliche lange am Spiel hält. Wäre die Grafik besser, erhöhte es den Reiz, dran zu bleiben.

Aber selbst die von der Mehrheit der Kids favorisierten „Ballerspiele" sind nicht alle Teufelswerk. Es bringt also nicht viel, sie in Bausch und Bogen zu verdammen. Viele gibt es, wie „Star Wars. Jedi Knight 2: Jedi Outcast", die einiges Geschick (und räumliches Einfühlungsvermögen) im Umgang mit den Robotern verlangen, die raffinierter reagieren, als es der Spieler erwartet. Zwar fußt es auf dem alten „Jump and run"-Prinzip, aber die Möglichkeiten des Perspektivwechsels und die perfekte Grafik entschädigen für das Gehüpfe und Gespringe.

Eines jedenfalls ist sicher: Das narrative Erzählen wird in Zukunft nicht mehr die allein selig machende Form der Unterhaltung sein. In der Wissenschaft ist die Computersimulation längst zum probaten Instrument für Klima-, Umwelt-, Medizin- oder Weltraumforschung geworden. Dass die Unterhaltungsindustrie danach greifen würde, war nur eine Frage der Zeit. Es wäre absurd, etwas anderes annehmen zu wollen, auch wenn die Schulen das immer noch nicht begriffen haben.

Erst wenn das neue Medium ins Gesamtsystem positiv integriert ist, wird es seine zweifelhafte „Paria"-Funktion verlieren. Das Buch ist längst akzeptiert und gilt als „edel". Aus der „Leseratte", einst negativ besetzt, ist ein positiver Zeitgenosse geworden. Der Computerspieler dagegen ist noch „süchtig"; und der Schund, den das neue Medium produziert, den stellen auch die alten Medien nach wie vor her.

Spiel-Tipps:
„Civilization 3", Infogames (Game Star Award 2001)
„Jedi Outcast", Activision
„Die Gilde", Jowood (PC Games Award)
„Dino Island", Monte Cristo
„Port Royal", Ascaron

GABRIELE KUBY

Bilder des Bösen

**Kinder suchen das Verbotene. Sie wollen Grenzen über-
schreiten. Aber wohin, wenn in ihrer Welt alle Schranken eingerissen sind?**

Es gibt im Medienzeitalter eine neue Art tiefer und bleibender
Verletzung: Bilder des Bösen. Für diese Schäden gibt es keine
Ärzte. Als mein erstes Kind anfing, Filme anzuschauen, die ich
für schädlich hielt, war die Antwort: „Das ist doch nur ein Film."
Ich vermute, dass die meisten Menschen, die das Bilderangebot
der Massenmedien wahllos konsumieren, so denken: „Das sind
doch nur Bilder". Soll heißen: eine künstliche Realität, die ohne
Wirkung bleibt auf das Denken, Fühlen und Handeln dessen, der
die Bilder sieht.

Mit der Gesundheitswelle hat sich die Ansicht durchgesetzt,
dass es empfehlenswert ist, Lebensmittel zu meiden, die mit
Umweltgiften belastet sind. Auch die geistige Nahrung kann gesund oder vergiftet sein. Wie die materielle Nahrung den Körper
gesund oder krank macht, so macht auch die geistige Nahrung
die Persönlichkeit des Menschen gesund oder krank. Die beiden
Bereiche klaffen weit auseinander. Gesunde und saubere
Ernährung hat hohe Priorität – dafür gehen Leute auf die Barri-
kaden –, während es kaum jemand für notwendig hält, auf die
Gesundheit der geistigen Nahrung zu achten.

Die westlichen Gesellschaften sind mit Bildern der Pornografie und Gewalt überschwemmt. Die Bilder spiegeln den sitt-
lichen Verfallsprozess und sind zugleich eine seiner Ursachen.
Wir wissen, dass wir mit einer Geburtenrate von 1,1 eine aus-
sterbende Gesellschaft sind, und wir wissen auch, dass sittlicher

Verfall ein Kennzeichen untergehender Zivilisationen ist, aber wir befinden uns in einer kollektiven Verblendung, die diesen Zusammenhang nicht ins Bewusstsein treten lässt.

Dieser Prozess des moralischen Verfalls wird durch die gesetzgebenden Körperschaften nicht gebremst, sondern vorangetrieben. Die Parlamente der westlichen Gesellschaften beschließen in rascher Folge Gesetze, die den Missbrauch der menschlichen Geschlechtlichkeit zur gesellschaftlichen Norm erheben (Abtreibung, Homoehe, Aufhebung der „Sittenwidrigkeit" der Prostitution; in Österreich Senkung des Mindestalters für homosexuelle Beziehungen etc.). Das Wort „moralisch" hat einen abwertenden Klang bekommen, denn die Meinung, dass es für den Menschen erstrebenswert sein könnte, sein Verhalten am Guten auszurichten, erscheint spießig und antiquiert, ja, im Widerspruch zum derzeit höchsten aller Werte: der Toleranz. Freiheit heißt, so scheint es, alles tun zu dürfen, wozu man Lust hat, Toleranz heißt, dass jeder selbst entscheiden darf, was gut und was böse ist. Wehe dem, der im Namen des Guten der Freiheit Grenzen setzen will. Für ihn gibt es ein Schimpfwort, mit dem man ihn sofort zum Schweigen bringen kann: „Fundamentalist!"

Fragen wir uns selbst, welche Wirkung Bilder auf uns haben, Bilder der Gewaltausübung, des Leidens unter Gewalt, der sexuellen Anmache, des Geschlechtsaktes in allen Ausprägungen von Liebe über Gier bis zum gewalttätigen Missbrauch. Die erste Stufe ist die passive Infiltration, die zweite die Unterhaltung, und die dritte sind Bilder, die die tatsächliche Ausübung von Sex oder/und Gewalt zeigen. Die Übergänge sind fließend.

Kaum eine Nachrichtensendung, in der wir nicht Menschen in extremen Leidenssituationen sehen, seien sie verursacht durch Naturkatastrophen, durch Krieg oder durch Verbrechen. Regt sich noch ein Gefühl in uns? In der Regel bleibt es bei einem „Schlimm!" und dem Gefühl, dass sich die dunkle Last auf dieser Welt vergrößert. Kein Antrieb zu handeln, im Gegenteil: Bilder der Gewalt erzeugen Ohnmacht, das Gefühl der Ohnmacht tötet die Hoffnung, und Hoffnungslosigkeit erzeugt Lähmung:

„Es hat ja doch keinen Sinn, gegen die Übermacht des Bösen anzugehen."

Man kann den Bildern zwar nicht ausweichen, aber man ist nicht gezwungen, sich damit zu unterhalten. Doch die meisten Menschen tun es, viele Stunden täglich. Wenn jemand einen großen Teil seines Tages mit Fernsehen, Video und Internet füllt, dann hat er vermutlich in seinem Leben nur dürftige Quellen lebendiger Erfahrung. Doch wer würde nicht lieber selbst aus der Quelle trinken, als durstig auf dem Bildschirm anderen dabei zuzusehen? Der Mensch dürstet nach Leben. Wenn er diesen Durst mit elektronischer Ersatzwirklichkeit zu stillen sucht, dann muss der Ersatz Empfindungen stimulieren, die ihn über den Betrug hinwegtäuschen. Das geschieht durch Spannung. Am spannendsten ist es, wenn es um Sieg oder Niederlage, um Leben und Tod geht. Bei Gewalt geht es um Leben und Tod, und bei Sexualität geht es in Wahrheit auch um Leben und Tod, selbst wenn diese Tatsache mit aller Macht verschleiert wird.

Am allerspannendsten ist es, wenn es wirklich um Leben und Tod geht – das nennt man dann Reality-TV. Ein Schauder, eine Dosis Angst, ein Quantum sexuelle Stimulation in der Geborgenheit des Fernsehsessels bei Chips und Bier, und der Abend ist gelaufen, wie ungezählte vorher und ungezählte nachher. Aber was ist die Folge? Wie kommt es, dass Gewalttätigkeit unter Jugendlichen gang und gäbe ist, dass Schüler ihre Lehrer ummähen, dass in Parlamenten Abgeordnete wahllos erschossen werden, dass niemand eingreift, wenn jemand auf der Straße zusammengeschlagen wird, dass alle Normen für eine dem Leben dienende Sexualität gefallen sind?

Die ständige Überflutung mit Bildern, auf denen Menschen sündigen – ein Wort, das wie Sand im Schmieröl unserer „Lustgesellschaft" knirscht –, lässt die Sünde normal erscheinen, bringt die Stimme des Gewissens zum Schweigen und erweitert den Möglichkeitssinn für böses Tun. Wenn man – bis man 18 ist – viele tausend Morde im Film gesehen hat, erscheint Gewalt „normal". Die Gefühle werden von der Wahrnehmung abgekoppelt. Jemand, der Menschen leiden sieht, ohne dass in ihm Mitgefühl wach wird, verroht. Das Gewissen beißt nicht mehr. Gerät er eines Tages in Bedrängnis, tut er das, was er tausendmal Menschen in Bedrängnis hat tun sehen: Er schlägt zu, er räumt den Gegner aus dem Weg.

Wer aber den anderen benutzt oder sich benutzen lässt, wird in der Tiefe seines Wesens verletzt. Unfähigkeit zu lieben, Unfähigkeit zur Bindung, damit Zerstörung der inneren Voraussetzungen für Familie, Entwürdigung, Entwertung, Trostlosigkeit, Einsamkeit und Verzweiflung sind der Preis, der unerbittlich gezahlt werden muss, wenn man den Vorbildern folgt.

Der Handel mit Bildern von kinderverbrauchender Sexualität im halbdunklen Untergeschoss des Internets boomt. Auf einer als Aufklärungsinformation getarnten Internetseite, die jedoch in Wirklichkeit zweckdienliche Hinweise liefert, kann man unter anderem lesen: „Weltweit finden sich täglich 40.000 Abnehmer von Kinderpornografie! In Deutschland stehen zum Beispiel gerade einmal zehn Beamte den weltweit Hunderttausenden von professionellen Gangstern und Teilzeit-Ganoven gegenüber."

Solche Bilder zu produzieren, anzuschauen oder zu besitzen ist strafbar. Wer es tut, feiert den Triumph des Bösen in der eigenen Seele. Jesus sagt: „Wer einen von diesen Kleinen, die an mich glauben, zum Bösen verführt, für den wäre es besser, wenn er mit einem Mühlstein um den Hals im tiefen Meer versenkt würde" (Mt 18,6). Diese scharfen Worte richtet Jesus gegen Menschen, die Kinder zum Bösen verführen. In der Internetanzeige werden Kinder zur Lustbefriedigung verbraucht.

Man neigt zu dem Gefühl, als braver Durchschnittsbürger hätte man mit dem äußersten Abgrund des Verbrechens nichts zu tun. Aber wir sind Teil eines Gewebes, in dem alles miteinander verbunden ist. Das Gute, das einer tut, kommt allen zugute. Das Böse, das einer tut, wird allen zum Schaden. Die Kinder vor Bildern des Bösen zu schützen ist nicht mehr möglich, sobald sie sich von der Hand der Mutter gelöst haben. Kinder suchen das Verbotene, sie wollen Grenzen überschreiten. Das ist der gesunde Instinkt der Jugend. Sie muss ihm folgen, denn sie bricht auf zu neuen Ufern. Aber wohin, wenn schon alle Grenzen eingerissen sind?

Wir hinterlassen der nächsten Generation nicht nur eine ausgebeutete Natur, in der die Elemente rebellieren, wir hinterlassen ihr auch eine zerschundene Innenwelt, angefüllt mit Bildern von Gewalt und Sex.

Soll also, so könnte jemand fragen, nur noch „Heidi" im Fernsehen laufen? Nein, gewiss nicht. Das Kriterium ist, ob der Spiegel, den sich der Mensch mit den Bildern vorhält, die er selbst schafft, seine niedrigsten Triebe stimuliert, oder ob in diesem Spiegel Wege aufgezeigt werden, wie sich der Mensch in der objektiven Spannung zwischen Gut und Böse zum Guten durchringt. Das war zu allen Zeiten das Thema der Kunst, die dann kein Kitsch ist, wenn sie sich der ganzen Wirklichkeit von Gut und Böse stellt.

Was sollen wir tun? Was können wir tun? Die erste Frage ist: Wie kommen wir aus der Lähmung heraus? Das Gefühl der Ohnmacht tötet die Hoffnung, und Hoffnungslosigkeit erzeugt Lähmung. Also ist die Hoffnung der Weg zur Überwindung der Ohmacht. In einem Zustand der Hoffnungslosigkeit scheint es, als ließen die äußeren Faktoren keine andere Wahl als eben Hoffnungslosigkeit. Das ist ein Trugschluss. Man muss nur eine halbe Stunde joggen, um die Erfahrung zu machen, dass das Gefühl der Ohnmacht abnimmt, wenn der Sauerstoff im Blut zunimmt – bei gleich bleibenden äußeren Umständen. Das heißt: Die Erfahrung der eigenen inneren Veränderung zum Guten ist der Boden, auf dem Hoffnung gedeiht.

Schaffen wir also in den eigenen vier Wänden Oasen, die von geistiger Umweltverschmutzung frei sind! Fernsehen und Internet erfordern ein neues Bewusstsein für Informationshygiene. Wie viel Information über das Böse in der Welt brauchen wir? Einerseits ist es nötig zu wissen, in welcher Welt man lebt und wohin sie steuert. Andererseits fördern negative Nachrichten das Gefühl der Ohnmacht. Also schauen wir nur das Nötigste in nüchterner Form!

Es entsteht viel freie Zeit, wenn man aufhört, Fernsehen als Entspannungsmittel zu benutzen, Zeit, die mit richtigem (Familien-) Leben gefüllt werden kann. Wenn man Kinder hat, muss man prüfen, ob man in der Familie zu einem gesunden Umgang mit Fernsehen und Internet finden kann, oder ob man diese Einfallstore für Gewalt aus dem Haus entfernt oder bis zu einem bestimmten Alter unzugänglich macht.

Wie lange lassen wir Mütter noch zu, dass unsere Kinder systematisch auf Missbrauch der Sexualität programmiert werden? Wechselnde Sexualpartner von der Pubertät an sind die schlechteste Voraussetzung für den Bau einer gelingenden Familie. In den Scheidungswahnsinn unserer Zeit hineingeboren, glauben viele gar nicht mehr daran, dass eine glückliche Familie möglich ist. Denkbar wären Elterninitiativen in Schulen und Gemeinden, die den Kampf gegen die Verführung der Kinder durch Bilder aufnehmen.

Gesellschaftliche Veränderung ist möglich. Das haben zum Beispiel die 68er, die Feministinnen und die Grünen gezeigt. Was Not tut, ist eine Bürgerbewegung gegen geistige Umweltverschmutzung, denn diese ist der Nährboden, auf dem Taten wie das Massaker von Erfurt gedeihen.

weitere Informationen:
Gabriele-Kuby@t-online.de

Literaturtipp:
Gabriele Kuby, Kein Friede ohne Umkehr – Wortmeldungen einer Konvertitin

IV
Tu was!

Niemand muss gewalttätig werden, und niemand muss Gewalt wehrlos über sich ergehen lassen. Richtige Verhaltensweisen können gelehrt und gelernt werden. Aber pädagogisches Handeln in Schule und Elternhaus schließt negative Sanktionen ein, und zwar nicht nur bei physischer und psychischer Gewalt, sondern zum Beispiel auch bei schlechten Umgangsformen und bei Schwänzen. In vielen Projekten, Workshops und Kooperationen etwa zwischen Schule und Elternhaus oder Jugendhilfe beziehungsweise Polizei wurden Modelle erprobt, die Gewalt und Auffälligkeit unattraktiv machen.

BERNHARD MOGGE

Und alle sind Gewinner

Streitschlichtung in der Schule macht sich bezahlt. Die Zahl der Ausbildungsangebote für Lehrer und Jugendliche wächst.

Meist ist nach 20 Minuten alles vorbei. Und es gibt keinen Verlierer, sondern nur Gewinner. Konflikte unter Schülern lassen sich häufig schnell und unkompliziert beilegen – wenn die Regeln beachtet werden. Dafür gibt es das Instrument der Streitschlichtung an der Schule, das effizient da ansetzt, wo sonst ein Katalog von Sanktionen Hilflosigkeit demonstriert.

Was beispielsweise in den Vereinigten Staaten seit langem zum Standard gehört, boomt erst seit einigen Jahren auch hierzulande. In der Erwachsenenwelt, etwa in der Wirtschaft, ist die Mediation ein bekanntes Mittel zur Konfliktlösung, unter anderem, weil sie erhebliche Kosten zu sparen vermag. Dass unbearbeitete Konflikte bei Kindern und Jugendlichen ebenfalls – materielle und immaterielle – Kosten verursachen können, ist indes noch nicht fest im Bewusstsein der Verantwortlichen verankert. Wenn beispielsweise nicht gelernt wurde, mit Konfliktsituationen konstruktiv umzugehen, macht sich diese mangelnde Sozialkompetenz später negativ bemerkbar.

Dabei bietet die Streitschlichtung, wie die Mediation in der Schule genannt wird, ein denkbar einfaches Modell, um den Beteiligten nicht nur Wege zur aktuellen Konfliktlösung aufzuzeigen, sondern gleichzeitig oftmals neue Werte zu vermitteln, Selbstbewusstsein, soziales Handeln. Von der Erwachsenenmediation, bei der ein Außenstehender vermittelt, unterscheidet sich die Schulstreitschlichtung vor allem dadurch, dass die Jugendlichen selbst die Probleme anpacken. Das gelingt in der Regel besser, als wenn im Hintergrund Strafe droht: Nachsitzen, Strafarbeiten oder ein Brief an die Eltern, im schlimmsten Fall der Schulverweis.

Die jugendlichen Schiedsrichter machen keine Lösungsvorschläge. Ihre Aufgabe besteht darin, die Kontrahenten eigene Vorschläge erarbeiten zu lassen und dafür zu sorgen, dass diese auch umgesetzt werden. Gelernt haben das die Jugendlichen bei Lehrern und Lehrerinnen, die ihrerseits zum Mediator ausgebildet sind. In rund 35 Unterrichtsstunden erhalten die Schüler ein umfassendes Kommunikationstraining. Die Schulen regeln intern, in welcher Form die Ausbildung stattfindet: als Unterricht, freiwillige AG, Leistungskurs in Pädagogik.

Streitschlichter haben auch für sich selbst etwas von ihrer neuen Qualifikation: Selbstbewusstsein, Anerkennung, Stolz darauf, etwas Besonderes zu können. Sie lernen für ihr eigenes Konfliktverhalten, sie lernen Gemeinschaft, und sie bekommen eine Belohnung, eine Wochenendfahrt etwa. Außerdem erhalten sie ein Zertifikat: Die besondere Leistung wird ins Zeugnis aufgenommen – ein Pluspunkt bei Bewerbungen um einen Ausbildungsplatz.

Roland Schüler, der beim Kölner Friedensbildungswerk Mediatoren ausbildet, weiß von einer Gruppe von Mädchen, die gewalttätig geworden waren. Gerade ihnen wurde eine Streitschlichterausbildung angeboten. Das stolze Ergebnis: Sie können jetzt auch über die Schule hinaus Erfolge erzielen, weil sie nicht mehr die Faust, sondern den Verstand einsetzen.

Das übliche Muster von Streitigkeiten unter Jugendlichen erklärt Roland Schüler so: „Am Anfang steht meist der verbale Austausch. Wenn man nicht mehr weiter weiß, einem sozusagen die Worte fehlen, geht man zur tatkräftigen Auseinandersetzung über, die Prügelei beginnt." Das ist bei Einzelnen nicht anders als in der Gruppe, wo die Anführer aufstacheln und der Rest mitzieht. „Nach der Prügelei ist erst einmal Ruhe; man sinnt auf Rache. Eine Niederlage wird gerne als Sprungbrett genutzt, um beim nächsten Mal einen Gewinn daraus zu ziehen – so schaukelt sich das immer weiter auf. Streitschlichtung soll möglichst früh greifen, damit es nicht zu weiterer Eskalation kommt."

Freilich ist es nicht in allen Situationen möglich, mit der Streitschlichtung durch Schüler zu einer einvernehmlichen Lösung der Konflikte zu kommen. An Schulen, insbesondere in sozialen Brennpunkten, an denen latente Gewalt herrscht, muss das Angebot breiter sein: Schulsozialarbeit, Buslotsen („Guardian Angels") oder Konfliktverhaltenstraining können hier dazu beitragen, sozialen Sprengstoff zu entschärfen, der im Extremfall zu nicht mehr kontrollierbarer Eskalation führt – sei es bei einem gewalttätigen Gruppenklima, sei es bei Einzelfällen, in denen sich die Aggression, die aber meist mehrere Ursachen haben kann, in Gewalttaten Bahn bricht.

Wann Kontrahenten den Gang zum Streitschlichter antreten, entscheidet jede Schule nach eigenen Regeln. Das Verfahren ist immer ein Angebot; doch dahinter steht der Druck, dass sonst andere Konsequenzen greifen können. Alle wissen: Im Streitschlichterraum gibt es keinen Streit, hier wird konstruktiv gearbeitet.

Die Streitschlichter – sie sind immer mindestens zu zweit und haben einen Alters- und damit Erfahrungsvorsprung – erläutern zunächst die Regeln. Die wichtigsten sind: keine Beleidigungen, den anderen ernst nehmen, ihm zuhören, ihn ausreden lassen.

Lösungs- bzw. Kompromissvorschläge der Konfliktparteien werden schriftlich festgehalten und unterschrieben. Dabei wundern sich die eben noch erbittert Verfeindeten oft selber, zu welch konstruktiven Vorschlägen sie in der Lage sind. War zum Beispiel Neid auf gute Leistungen des anderen der Auslöser für den Streit, steht schon mal im Protokoll: „Vor der nächsten Mathe-Arbeit helfe ich dir."

Auch wenn die konkreten Vereinbarungen nach kurzer Zeit überprüft werden, so lässt sich insgesamt der Erfolg von Streitschlichtung nicht leicht evaluieren. Aber viele Schulen, die das Modell schon länger praktizieren, erklären, dass das Klima besser geworden ist, allmählich ein anderes Verhalten spürbar wird. Lehrer können sich intensiver um ihren Unterricht kümmern, weil sie nicht mehr so viel Zeit aufwenden müssen, um für Ruhe im Klassenraum zu sorgen.

An vielen Schulen gehört es inzwischen zum guten Ton, eine solche Instanz zu haben – im Regierungsbezirk Köln etwa haben mehr als 200 Schulen Streitschlichtung eingerichtet –, doch immer noch investiert die öffentliche Hand mehr in die Nacharbeit, also in Polizeieinsatz in der Schule, in Jugendstrafeinrichtungen und Sozialarbeit, als in die Konfliktvorbeugung und -bearbeitung.

Basis für die Präventionsmaßnahmen ist nach wie vor das freiwillige Engagement von Lehrerinnen und Lehrern. Vor einigen Jahren mussten sie sich noch die Fachkenntnisse selber zusammensuchen und die Fortbildung oft aus eigener Tasche bezahlen, heute übernehmen meist die Schulleitungen die Kosten. Auch die Schulbehörden ziehen mit, setzt sich doch die Erkenntnis durch, dass der Aufwand groß, aber lohnend ist: Betreuung und Supervision für die Lehrer ist nötig, Literatur sowie „Belohnung" für die Streitschlichter. Aus den Ministerien gibt es bislang keine Förderung.

Träger der Ausbildung zum Mediator sind vor allem Bildungsinstitute wie die Friedensbildungswerke und kirchliche Einrichtungen, etwa in Nordrhein-Westfalen die Thomas-Morus-Akademie. Als Standard für die Dauer der Ausbildung gelten rund 200 Stunden. An den Schulen werden auch externe Seminare als Lehrerfortbildung anerkannt. Das Angebot ist groß, die Nachfrage ebenfalls. Denn immer mehr Schulen erkennen, dass sich die Investition bezahlt macht. Ein gutes Image der Schule ist schließlich viel wert.

Für die Schüler lohnt es sich allemal: etwa für den Hauptschüler aus Bergheim bei Köln, der sich in einem Handwerksbetrieb um eine Ausbildungsstelle bewarb. Der Meister, der das Zertifikat in den Zeugnisunterlagen des Jungen sah, rief begeistert: „Du machst Streitschlichtung? Dich kann ich gebrauchen. Dich nehme ich!"

Ausbilden und beraten

Der Bundesverband Mediation setzt Standards und Ausbildungsrichtlinien und vermittelt zwischen Anbietern und Interessierten: Bundesverband Mediation e. V., Kirchweg 80, 34119 Kassel, Telefon 0561/739–6413, Fax 0561/739–6412, E-Mail info@bmev.de; Ansprechpartnerin Schule: Gabi Schuster-Mehlich, Telefon 02234/81110, Fax 02234/81130, E-Mail schu-me@web.de.

Auch die Centrale für Mediation e. V., Unter den Ulmen 96–98, 50968 Köln, Telefon 0221/9373–8801, Fax 0221/9373–8926, E-Mail cfm@mediate.de, vermittelt Adressen.

Ein breites Angebot für die Ausbildung zum Mediator (Lehrerworkshops, Streitschlichtungs- und Trainerkurse) macht die Thomas-Morus-Akademie Bensberg, Overather Straße 51–53, 51429 Bergisch Gladbach, Telefon 02204/4084–72, Fax 02202/4084–20, E-Mail akademie @tma-bensberg.de.

Mediatoren bildet auch das Friedensbildungswerk Köln aus: Am Rinkenpfuhl 31, 50676 Köln, Telefon 0221/9521945, Fax 9521946, E-Mail fbkkoeln@t-online.de.

Das Institut für StreitKultur (ISK) Berlin bietet jetzt auch in Köln eine Ausbildung in Mediation für alle Berufsgruppen an: ISK, Rheinstraße 32–33, 12161 Berlin, Telefon 030/79705405, Fax 79705425, E-Mail info@streitkultur.de.

Das Institut Frieden und Demokratie der FernUniversität Hagen (IFD) bietet ein einjähriges „Interdisziplinäres Friedenswissenschaftliches Weiterbildungsstudium Konflikt und Frieden" (IF) an: IFD, Im Dünningsbruch 9, 58084 Hagen, Telefon 02331/987-2366, E-Mail IF-Weiterbildung@fernuni-hagen.de

weitere Informationen:
www.bmev.de
www.centrale-fuer-mediation.de
www.tma-bensberg.de
www.friedensbildungswerk.de
www.schulleitung.de
www.sich-vertragen.de
www.streitkultur.de
www.fernuni-hagen.de/FRIEDEN

Literaturtipps:
Dietmut Hauk, Streitschlichtung in Schule und Jugendarbeit.
Das Trainingshandbuch für Mediationsausbildung
Gustav Keller, Konfliktmanagement in der Schule. Moderie-
ren – Lösen – Vorbeugen
Jamie Walker (Hg.), Mediation in der Schule. Konflikte
selber lösen in der Sekundarstufe I
Eliane Whitehouse, Warwick Pudney, Wut: Ein Vulkan in
meinem Bauch. Wut und Gewalt; Übungen und Spiele;
Lösungsstrategien. Lehrer-Bücherei, Grundschule
Konfliktlotsen. Lehrer und Schüler lernen die Vermittlung im
Konflikt. Unterrichtsideen
Günther Braun, Edith Dietzler-Isenberg, Andreas Würbel,
Kinder lösen Konflikte selbst! Mediation in der Grund-
schule
Sascha Krefft, Austeilen oder Einstecken? Wie man mit Ge-
walt auch anders umgehen kann

HERMANN HORSTKOTTE

Zoff zivilisiert beilegen

Ein Klima schaffen, in dem Gewalt keine Attraktion mehr hat – diese Herausforderung rückt ins Zentrum der Schulpädagogik. Wichtig ist das enge Zusammenwirken von Schule, Jugendamt und Polizei.

Millionen haben sie gesehen: Mutter Marge in der TV-Familie „Die Simpsons" unterwegs zur Bürgerinitiative gegen Gewalt auf dem Bildschirm. Das Publikum erkennt sich wieder, Ächtung von ungezügelter Aggressivität gehört zum Grundkonsens der Gesellschaft. Es gibt eine „Veranlagung zur Gewalttätigkeit", sagt Hans-Hilger Ropers, Professor am Max-Planck-Institut für molekulare Genetik in Berlin. Und stellt zugleich klar: „Man kann zu aggressivem Verhalten erziehen, wie wir es von den Hunden wissen." Also kann man auch das Gegenteil versuchen.

Das passiert mit freiwilligem Engagement bald überall. Streitschlichter, Schulbuslotsen, Konflikttraining, Anti-Gewalt-Projektwochen, Nachmittagsbetreuung mit „Toben und Turnen", Selbstbehauptungskurse für Jungen und Mädchen zählen fast schon zum Standardangebot. Und immer wichtiger werden Treffs für ausländische Eltern, die den deutschen Schulalltag erst noch verstehen müssen.

Typisches Beispiel: die Gemeinschaftshauptschule im Schulzentrum Pennenfeld in Bonn-Bad Godesberg. 60 Prozent der 340 Schüler sind Ausländer, etliche der deutschen Jugendlichen, die von der Realschule oder dem Gymnasium kommen, fühlen sich hierhin „strafversetzt". Das ist der Nährboden für sozialen Stress. Aber wegschauen, wenn's kracht? Das bringt nichts, befanden Lehrer und Schüler. Seit fünf Jahren ist an ihrer Schule

Streitschlichtung „normal", eine Sozialpädagogin ergänzt heute – wie an allen Bonner Grund-, Haupt- und Sonderschulen – das Lehrerkollegium, und donnerstags hält Oberkommissar Ulrich Otto Polizeisprechstunde.

Zoff lässt sich so nicht abschaffen, aber immer öfter zivilisiert beilegen. Wie bei Max und Boris. Max hat in der Pause Boris wieder einmal hart geschubst, angeblich mit voller Absicht. Beide Siebtklässler werden laut, böse Schimpfworte fliegen. Doch die Mitschüler sehen nicht tatenlos zu. Bevor sich der aufsichtführende Lehrer einschaltet, raten sie den Jungen, zu den Streitschlichtern zu gehen.

Die Schlichtung verläuft nach Drehbuch: Als Erstes müssen sich die Kontrahenten gemeinsam bei der Pausenaufsicht abmelden, dann geht's einen langen Flur entlang und über viele Stufen eine Treppe hoch zum Geschäfts- und Sitzungszimmer der Schlichter. Diesmal bieten Matthias, Miriam, Esra und Nurdan aus der zehnten, der Abschlussklasse, ihre Dienste an. Sie halten sich streng ans vorgegebene Konzept einer Streitschlichtung. Das heißt, sie stellen nur Fragen und machen keine Vorschläge.

Erste Frage: Ob sich beide Seiten ab sofort zivilisierten Verfahrensregeln unterwerfen, und zwar im Ton wie im Auftreten. Wenn nicht, ist der Termin beendet. Max und Boris beugen sich. Danach trägt jeder seine Auffassung vom Hergang des Streits vor und beantwortet schriftlich Fragen wie: Was erwarte ich vom anderen, damit zwischen uns wieder Frieden herrscht? Was bin ich selbst bereit zu tun? Die Zettel werden ausgetauscht. Die Kunst der Streitschlichter ist es nun, die Kontrahenten gemeinsame Nenner finden zu lassen. Wenn die ausreichen, um den Streit zu begraben, werden sie in einer Vereinbarung festgehalten. Beide Parteien unterschreiben, der Vertrag wird im Aktenschrank der Streitschlichter archiviert. Nur selten kommt es zu einem Bruch der Vereinbarung.

Die ganze Prozedur kann einige Minuten dauern oder auch Tage. Manchmal gelingt die Verständigung erst nach etlichen Terminen, für die sich die Streitschlichter spezielle Tipps bei der

Beratungslehrerin Anita Matthiesen holen. Sie hat Streitschlichtung in einem Intensivkurs der Thomas-Morus-Akademie Bergisch Gladbach gelernt, übrigens in ihrer Freizeit und auf eigene Rechnung. Seither gibt sie die Kunst an die Schüler weiter. Die Ausbildung erstreckt sich mit zwei Stunden pro Woche über ein ganzes Schuljahr. Wer sie besteht und zum Einsatz kommt, erhält neben dem Abgangszeugnis ein besonderes Zertifikat über seine Bewährung als Streitschlichter. „In manchen Fällen war diese Zusatzqualifikation ausschlaggebend für die erfolgreiche Bewerbung um einen Azubi-Platz", weiß die Lehrerin.

„Unser Wissen und die Erfahrung als Streitschlichter kommt auch im Familien- und Freundeskreis zur Wirkung. Unser Beispiel färbt auf die Umgebung ab", erklärt Miriam. „Ich habe an Selbstbewusstsein gewonnen", ergänzt Esra. Und Matthias, der früher selber schnell mal den Kopf verloren hat, folgt heute dem Wahlspruch „Erst denken, dann handeln!". So entsteht durch institutionalisierte Streitschlichtung ein (Schul-) Klima, in dem pure Gewalt ihren Attraktionswert verliert.

Diese Art der Vermittlung ist nur ein Angebot für Schüler bis zur siebten Klasse einschließlich. „Die Schlichter müssen die Streithähne auch durch eine gewisse Seniorität beeindrucken", erläutert Schulleiterin Christine Heidbreder. „Wenn der Altersabstand fehlt, schwindet schnell die Überzeugungskraft." Streit in den höheren Klassen muss anders geklärt werden, am ehesten durch den Klassenlehrer.

Schule und Lehrer können nur „mit rein pädagogischen Mitteln versuchen, den sozialen Frieden herzustellen und Gewaltprobleme zu lösen", erklärt Werner Koch-Gombert, Rechtsdirektor und Bonner Schulamtsleiter. „Wir können nicht möglicherweise erforderliche Jugendhilfe, also das Jugendamt, ersetzen oder Polizeiarbeit übernehmen." Indes: Die Grenzen der professionellen Zuständigkeit sind jedoch keine Hürden für das enge Zusammenwirken von Schulen und Partnerbehörden. Landauf, landab klappt die „Ordnungszusammenarbeit", auch informell.

Oberkommissar Otto kommt zivil in die Schule, in Jeans und buntem Hemd. Er möchte keine Hemmschwellen zwischen sich und die Schüler legen, die ihn sprechen wollen. Outfit und Umgebung ändern aber nichts an der Dienstauffassung: „Meine Aufgabe umfasst Prävention wie Repression. Deliktvorwürfen muss ich polizeilich nachgehen. Meine Hauptziele sind Opferschutz und der Täter-Opfer-Ausgleich, möglichst bevor der Fall in die Mühlen der Gerichtsbarkeit kommt und lange kein Ende findet." Also: Wer etwa im Laden eine CD oder ein T-Shirt gestohlen hat, muss die Sachen überprüfbar nachbezahlen. Otto will aber die Schulprobleme keineswegs auf Kleinkriminalität herunterspielen. „Ich möchte den Schulleiter sehen, der behaupten kann, bei ihm gebe es keine Rauschgiftdelikte."

Gleichwohl ist das Schulareal, so der Oberkommissar, weit seltener Tatort als der Schulweg. Dort kommt es eher zu Straftaten, etwa zu Körperverletzungen, dort pressen Mitschüler Taschengeld ab und schicke Kleidung. Mädchen werden vom schulfremden Ex-Freund unterwegs sexuell belästigt. Nicht zufällig arbeitet Oberkommissar Otto hauptamtlich im Einsatzbereich „Straßenkriminalität".

Kommt es auch zu Übergriffen von Lehrern auf Schüler? Die Frage kann der Polizeibeamte nur prinzipiell bejahen, nicht mit konkreten Beispielen von „seiner" Schule. Vor Jahren, ergänzt Schulleiterin Heidbreder in aller Offenheit, habe es einmal eine entsprechende dienstliche Versetzung gegeben.

Bei vielen Nöten und Sorgen der Schüler kann auch Sozialpädagogin Ulrike Klein Abhilfe schaffen. Sie ist den ganzen Tag in der Schule. In ihren „Kummerkasten" kommen zum Beispiel Kinder, die es zu Hause nicht mehr aushalten und lieber ins Heim wollen. Die Sozialpädagogin stellt den Kontakt zum Jugendamt her, warnt aber eindringlich vor dem Bruch mit der Familie. Sie berät Eltern, die vor ihren schulschwänzenden Kindern kapitulieren, und „verzweifelte türkische Väter, die nicht mehr wie früher in ihrer anatolischen Heimat durchgreifen, sondern antiautoritär sein wollen, weil sie das für deutsch halten".

Klein bemüht sich außerdem, jeden, der keinen Schulabschluss schafft und mithin auch keine Lehrstelle bekommt, in irgendeiner „berufsvorbereitenden Maßnahme" unterzubringen. Die Caritas etwa oder das Christliche Jugenddorfwerk Deutschlands machen solche Angebote.

Schulleiterin Christine Heidbreder ist unverhohlen stolz auf den Teamgeist zwischen Lehrern, Sozialpädagogin und Kommissar, auf den freiwilligen Einsatz von Kollegen und Schülern in der Streitschlichtung: „Zusammen schaffen wir eine Basis, um Lernen möglich zu machen."

„In unserem Stadtteil mit sechs Gymnasien, einer Real- und einer Gesamtschule gelten wir, die einzige Hauptschule, zwar gemeinhin als das Letzte", weiß Christine Heidbreder, „doch nicht unsere angestammte Klientel, die direkt von der Grundschule zu uns kommt, ist das Problem. Die wirklichen Unruhestifter sind die Zugänge von Gymnasien und Realschulen, die dort eine Negativkarriere gemacht haben."

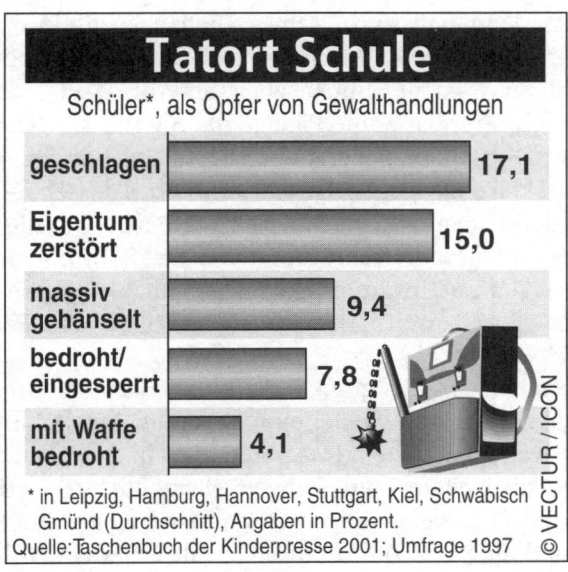

Tatort Schule

Schüler*, als Opfer von Gewalthandlungen

geschlagen	17,1
Eigentum zerstört	15,0
massiv gehänselt	9,4
bedroht/ eingesperrt	7,8
mit Waffe bedroht	4,1

* in Leipzig, Hamburg, Hannover, Stuttgart, Kiel, Schwäbisch Gmünd (Durchschnitt), Angaben in Prozent.
Quelle: Taschenbuch der Kinderpresse 2001; Umfrage 1997

© VECTUR / ICON

JOSEF KRAUS

Nur ein Feigling tritt zu

Schule gegen Gewalt: Pädagogisches Handeln schließt Sanktionen ein. Das akzeptieren immer mehr Schüler. Sie halten sich an Verträge mit Lehrern und Eltern.

Gewalt ist ein zeitloses, universelles Phänomen. Deshalb beschäftigt es seit jeher Legionen von Kulturanthropologen, Historikern, Psychologen, Soziologen, Kriminologen, Theologen und andere mehr. Jede dieser Disziplinen hat ihren relativ einfachen Zugang zu menschlicher Gewalt: „einfach" deshalb, weil die jeweilige wissenschaftliche Betrachtungsweise in etwa eindeutig ist. Vergleichsweise schwer haben es Philosophen, da sie sagen sollen, ob der Mensch von Natur aus gut oder ob er „homini lupus" – dem Mitmenschen ein Wolf – sei.

Noch schwerer hat es die Pädagogik: Sie müsste die Erkenntnisse aller Disziplinen „operationalisieren", also in überprüfbare Handlungskonzepte gegen Gewalt einfließen lassen. Aber viel Zeit ist der Pädagogik gerade nach erneuten Gewaltexzessen nicht gegönnt. Das verführt sie – wie die Politik – dazu, mit Patentrezepten aufzuwarten. Dass aber mit bloßen Absichtserklärungen nichts erreicht ist, beweisen Politik und Pädagogik stets auf Neue.

Somit bleibt der Pädagogik – der praktischen vor Ort – nichts anderes übrig, als sich wieder einmal vorzunehmen, konsequent gegen Gewalt zu erziehen. Dabei geht es – in der Pädagogik leider zu oft übersehen – um Selbstverständlichkeiten. Voraussetzungen für ein Erziehen gegen Gewalt sind eine Definition von Gewalt und eine Portion Mumm. Gewalt ist, was den Mitmenschen beziehungsweise dessen Ideale oder Eigentum schädigt, gefährdet, beleidigt, entwürdigt.

Eine solche Definition reicht als Richtschnur für couragiertes pädagogisches Handeln in Elternhaus und Schule. Hier ist die behavioristische Theorie von Erziehung beziehungsweise Therapie einmal die richtige: Es kommt nicht darauf an, woher eine Fehlentwicklung kommt, sondern man sollte ein anderes, ein sozial verträgliches Verhalten einüben und ein asoziales Verhalten durch Grenzziehungen zum „Erlöschen" bringen.

Dass solche auf prosoziales Verhalten gerichtete Erziehung in den Elternhäusern und in den Schulen nicht mehr selbstverständlich ist, zeigt der Alltag in den Klassenzimmern, in den Schulbussen oder in den von Heranwachsenden frequentierten Kaufhäusern. Grenzenloser erzieherischer Optimismus und die Diskreditierung von Erziehung als Machtausübung haben sich negativ ausgewirkt. Erziehung zur Gewaltlosigkeit ist zwar immer zugleich Erziehung zur Toleranz, aber sie verlangt auch, dass Erzieher nicht alles tolerieren. Das heißt, die Schulen müssen – wieder – den Mut aufbringen, bei Gewalttätigkeit einzuschreiten, und zwar bereits bei verbaler Gewalt. Leider haben es sich manche Lehrer angewöhnt wegzusehen, weil Sanktionen, die sie gegen Schüler-Rambos ergriffen, von einem Schulleiter aufgehoben oder von einem Elternpaar via Rechtsanwalt angefochten wurden.

Es ist sehr sinnvoll, wenn Schulen jetzt einen radikalen Neuanfang machen – „radikal" deshalb, weil sie zu den Wurzeln zwischenmenschlichen Zusammenlebens zurückkehren. Inzwischen handeln viele Schulen ein eigenes „Schulrecht" mit ihren Schülern (und deren Eltern) aus. Das ist nichts umwerfend Neues, aber bereits der Prozess des Aushandelns fördert das „Ego-Involvement" der Schüler, also die Bereitschaft, sich mit Übereinkünften zu identifizieren. Überhaupt dienen Verhaltensmaximen der Generalprävention. Das heißt: Verhaltenskataloge haben über die darin enthaltenen Sanktionen hinaus eine bewusstseinsbildende Funktion. Man bekommt vermittelt, was sich gehört und was nicht, was akzeptiert und was – auch vom Gros der Mitschüler – nicht akzeptiert wird.

Schulen, die sich solche Codices gaben, berichten von sehr positiven Ergebnissen. Die Hauptschule Mamming in Niederbayern hat mit ihrem „Mamminger Schulrecht" Bekanntheit erlangt. Zunächst hatten die Klassensprecher Vorschläge für einen Verhaltens-, Kontroll- und Sanktionenkatalog gesammelt; dann wurde der Katalog im Schulforum – dem aus Lehrern, Eltern und Schülern bestehenden Mitwirkungsgremium – codifiziert. Durch eine Unterschrift erklärt sich jeder Schüler mit dem Katalog einverstanden. Wer beispielsweise beim Rauchen erwischt wird, muss die Zigaretten abgeben und „Raucherecken" säubern. Verbale Gewalt wird mit einem Aufsatz zum Thema „Gewalt" geahndet. Körperliche Gewalt führt dazu, dass man die Pause bei der Pausenaufsicht verbringt. Bei Sachbeschädigung muss der Schaden wieder gutgemacht werden. Stets werden im Wiederholungsfall die Eltern informiert.

Vergleichbares ist mittlerweile an vielen Schulen der Fall – wie unter anderem der Hauptschulpreis 2001 gezeigt hat. Er stand unter dem Motto „Erziehung zur Eigenverantwortung – Jugendliche lernen, ihr Leben zu gestalten: frei von Abhängigkeiten und frei von Gewalt". Die Bewerbungen dokumentieren eine Fülle an kreativen Überlegungen und Praktiken: So bilden viele Schulen unter den Schülern Mediatoren (Streitschlichter) aus, die bei Alltagsdifferenzen zwischen den Streitpartnern einen Ausgleich oder eine Wiedergutmachung zu Wege bringen. Andere betreiben als „geführte Gruppeninteraktion" ein „Coolnesstraining". Eine Aachener Hauptschule profilierte sich mit dem Projekt „Jugendliche powern – ohne Gewalt". Parallel dazu wurde eine „Tu was GmbH" gegründet, in der die Schüler das Arbeitsleben erkunden – bis hin zu eigenen Maurerarbeiten. Für Gewalt aus Langeweile bleibt da keine Zeit.

Dass diese Aktivitäten nur ein Baustein sein können, ist klar. Aber sie sind ein wichtiger Baustein, weil sie Schüler aktiv einbeziehen und weil sie ihnen Selbstverständlichkeiten nahe bringen. Darüber hinaus sind die Schulen gefordert, gewaltfreie Schüler immer wieder zur Integration gewaltbereiter Schüler in die Klasse oder in eine Jugendgruppe anzuhalten. Das kann das Abdriften in die Isolation verhindern.

Überhaupt sind Gleichaltrige ein wichtiges Sensorium zur Früherkennung von Gewalt. Das gilt auch zur Früherkennung von Suizidalität als Gewalt gegen sich selbst, wie der US-amerikanische National Research Council der National Academy of Science jetzt wieder bestätigt hat. Zwischen Erwachsenen und Heranwachsenden bestehe ein „generation gap", eine Lücke, die den Erwachsenen das Erkennen von jungen Gefährdeten erschwere.

Es geht darum, Gewalt nicht nur zu ächten, sondern einzudämmen. Das ist im Interesse aller. Wer nämlich mit Gewalttätigkeit erfolgreich ist, der neigt zukünftig zu weiterer oder noch größerer Gewalt, und er stellt damit für die Mitmenschen – und für sich selbst – eine Gefährdung dar.

Dass Schule im Alleingang Gewalt ächten und eindämmen kann, ist ein schöner Wunsch, aber er ist unrealistisch. Zu sehr ist Gewaltbereitschaft von außerschulischen Umständen abhängig. Hier muss die Politik nachdenken, ob sie den Auftrag von Schule zuletzt nicht zu sehr in Richtung verwertbarer „Bildung" definiert hat. Es geht schließlich auch um eine Bildung jenseits des Messbaren, eine Bildung jenseits des Schulleistungsvergleichs Pisa (Programme for International Student Assessment). Zuversichtlich stimmt jedenfalls, dass selbst die Bundesvereinigung der Deutschen Arbeitgeberverbände (BDA) den Arbeitgeberpreis für Bildung 2002 in der Kategorie Schule der Vermittlung von Wertehaltungen, von Eigenverantwortung, Selbstständigkeit und Gemeinsinn widmet.

weitere Informationen:
www.lehrer-online.de/dyn/290641.htm
www.mamming.de/schule
www.faustlos.de
www.centrale-fuer-mediation.de
www.mobbing-help.de

BERNADETTE DENZINGER

Kampf den Krawallern

Buslotsen: Jugendliche sorgen für mehr Sicherheit und Ordnung an den Haltestellen und im Schulbus.

Die Fahrt im Schulbus ist nicht selten eine Angst- und Ärgernistour: aggressive Schüler, lärmende Sitznachbarn, regelrechte Schlachten um den Ein- und Ausstieg. Auch Ernst Nieland kennt das. Vor allem kennt der Leiter des Verkehrsunternehmens BoGeStra, das Bochum, Gelsenkirchen, Herne und Witten versorgt, die Beschwerden von Eltern, die ihre Kinder nicht mehr allein im Bus fahren lassen wollen, aus Furcht, ihnen könnte etwas zustoßen.

Vor vier Jahren hat Nieland das Projekt „Fahrzeugbegleiter" initiiert. Das Konzept ist einfach – auf den ersten Blick: Freiwillige aus der achten Jahrgangsstufe lassen sich zu so genannten Peacemakern, Buslotsen oder Fahrzeugbegleitern ausbilden und gehen aktiv gegen Rempler und Gröler, Kaugummi-Kleber, Raucher und Schmierer vor.

Was zu tun ist bzw. wie sie sich zu verhalten haben, lernen die meist 15-Jährigen in Kursen und Rollenspielen. Zu den Ausbildungsinhalten gehören ein Deeskalationstraining und Streitschlichtung, Körpersprache und Kommunikationstechnik, aber auch ein Einblick in die Fahrzeugtechnik, etwa um notfalls die Bustüren öffnen zu können. Oberstes Gebot ist, auf die eigene Sicherheit zu achten und schon deshalb stets im Team zu arbeiten. „Die Jungen und Mädchen sollen nie über ihre persönlichen Grenzen hinausgehen. Es gibt keine Verpflichtung, einzugreifen", erklärt Ernst Nieland. Und wenn Waffen ins Spiel kommen, gilt: sich raushalten. An den Busfahrer wenden. Und sich nicht darauf verlassen, dass der Peacemaker-Ausweis, den jeder Buslotse trägt, schützt.

Nielands Idee, dass ungefähr Gleichaltrige wesentlich größeren Einfluss auf ihre Mitschüler haben als Erwachsene, funktioniert. Beispielsweise sind die Sachbeschädigungen in den Fahrzeugen der BoGeStra um mindestens vierzig Prozent zurückgegangen. Und, so lobte Nordrhein-Westfalens Innenminister Fritz Behrens schon vor einem Jahr: „Die Verbesserung des Umgangs miteinander hat insbesondere den jüngeren Schülern die Angst auf den ersten Wegen in die weiterführenden Schulen genommen."

Der Einsatz von Schulbuslotsen hat sich inzwischen auch andernorts bewährt, beispielsweise in Nürnberg und Stuttgart oder im Landkreis Fulda. Im April 2002 hat der Hamburger Verkehrsverbund das Bochumer Modell komplett übernommen, setzt es aber vorerst nur in sozial unproblematischen Stadtteilen um. Auch dort haben, so Projektleiterin Renate Büsing, etliche Eltern „Bedenken, ihre Kinder als Streitschlichter in die Busse zu lassen". Wenn das Projekt gelingen soll, muss sie „persönlich mehr an Eltern rangehen" und sie von der guten Sache überzeugen. Die Bochumer Erfahrung spricht für sie. Laut Nieland hat es in vier Jahren nur eine Verletzung gegeben: ein blau geschlagenes Auge.

Die vierzehn Achtklässler, die bislang in Hamburg Busdienst tun, haben durchweg positive Erfahrungen gemacht. Sie werden von den Schülern so ernst genommen, dass „die schon mal die Füße von den Sitzen nehmen", stellt Renate Büsing anerkennend fest. Erwachsene oder gar der Busfahrer konnten da weit weniger ausrichten. Doch auch die Erfolge sieht Ernst Nieland realistisch. Sein Konzept, sagt er, „ist nicht der Königsweg, wohl aber ein für alle gangbarer Weg". Auch außerhalb Deutschlands. Österreich hat Interesse angemeldet.

weitere Informationen:
www.bogestra.de/service/schulprojekte.html

PETER MAURER und BIRGITTA MOGGE-STUBBE

Dinger drehen

Schulschwänzen wird zum sozialen Problem. Jeden Tag kommen mindestens 100.000 Kinder nicht zum Unterricht. Nur allzu schnell geraten sie auf die schiefe Bahn. Das Nürnberger Projekt „Schulschwänzen", das Schulamt und Polizei gemeinsam im Rahmen eines Sicherheitspaktes entwickelt haben, hat sich bewährt. Inzwischen nutzen viele Städte das Konzept.

Schulschwänzerkarrieren beginnen früh, oft fehlen schon Zwölfjährige unentschuldigt stunden-, tage-, dann monatelang. Tobi war vierzehn, als er nicht mehr zum Unterricht erschien. Stattdessen schlief er bis in den Nachmittag hinein. Nachts war er aktiv, zog mit Freunden rum, manchmal bis sechs Uhr morgens. „Ich war eigentlich gar nicht schlecht im Gymnasium", erinnert sich der heute 16-Jährige, „aber ich war lieber mit meinen Freunden zusammen, und außerdem hatten mich die Lehrer auf dem Kieker." An der Hauptschule, in die Tobi wechselte, tauchte er nur zwei- oder dreimal auf.

Und die Eltern? „Klar haben die was gesagt." Aber sie kamen nicht an ihren Sohn heran. Schließlich wandten sie sich ans Jugendamt. Ein Sozialpädagoge vermittelte Tobi an ein Projekt für Schulverweigerer. „Deine letzte Chance", machte der ihm klar.

Tobi ist ein typischer, aber kein extremer Fall. Einer Untersuchung des Deutschen Jugendinstituts (DJI) in Leipzig zufolge müssen zehn bis 15 Prozent der rund zwölf Millionen Schüler als „schulmüde" eingestuft werden. Der Deutsche Lehrerverband schätzt, dass jeden Tag rund 100.000 Jungen und Mädchen unentschuldigt dem Unterricht fernbleiben. Das Christliche Jugenddorfwerk Deutschlands (CJD), das sich seit vielen Jahren mit Projekten gerade auch für diese „Drop-outs" engagiert, setzt die Zahl doppelt so hoch an; die Bertelsmann-Stiftung und die Hertie-Stiftung rechnen in ihrer am 30. September 2002 veröffentlichten Projektstudie sogar mit rund 500.000 schulpflichtigen Kindern und Jugendlichen, die dauerhaft schwänzen bzw. gar nicht mehr zum Unterricht erscheinen. Jungen tun dies öfter als Mädchen. Die schalten im Unterricht einfach ab.

Gelegentliches Schwänzen hat es wohl schon immer gegeben. Jedenfalls ist das Wort – es kommt vom Rotwelschen „swenzen", über Land laufen – seit dem 18. Jahrhundert in der Studentensprache verbreitet. Bei einer Schülerbefragung des Kriminologischen Forschungsinstituts Niedersachsen (KFN) im Jahr 2000 gaben mehr als die Hälfte der jungen Leute an, sich im vorigen Schulhalbjahr schon mal selbst „freigegeben" zu haben. Eine Studie „Jugendliche 2001", die in der Region Aachen erhoben wurde, belegt, dass dort 16 Prozent der 14- bis 16-Jährigen (in Aachen sind es sogar 22 Prozent) dem Unterricht fernbleiben. In Brandenburg wurden im Jahr 2001 rund 1000 Siebt-, Acht- und Neuntklässler registriert, die in einem Schulhalbjahr mehr als zehn Tage unentschuldigt gefehlt hatten.

Probleme macht der „harte Kern". Die Zahl der Schüler, die den Schulbesuch total verweigern, wird von Experten auf etwa 70.000 geschätzt. Genaue Zahlen gibt es nicht. Die Dunkelziffer ist hoch. Als Gründe für ihr aktives Verweigern gaben die meisten der 346 vom DJI befragten Jugendlichen die Schule an: 57 Prozent nannten Probleme mit Lehrern, 29 Prozent mit Mitschülern, knapp ein Drittel machte schlechte Schulleistungen verantwortlich; die Jugendlichen hatten keine Lust, keinen Bock, langweilten sich im Unterricht; sie hatten Probleme in der Familie wie Trennung oder Alkoholismus der Eltern. Oder sie hatten schlicht mehr Lust aufs Skaten denn auf den Mathe- oder Deutschunterricht – wie beispielsweise die 14-jährige Hauptschülerin in einer hessischen Kleinstadt, die im ersten Halbjahr 2002 volle 76 Schultage gefehlt hatte, nur zwei davon entschuldigt.

Insgesamt gilt: Hauptschüler schwänzen häufiger als Gymnasiasten. Von den rund 83.000 Jugendlichen, die im Jahr 2000 ohne Abschluss von der Schule abgingen, kamen 80 Prozent aus der Haupt- bzw. Sonderschule.

Ins Blickfeld von Öffentlichkeit und Wissenschaft gerieten die Verweigerer in den neunziger Jahren, als mehrere Untersuchungen einen Zusammenhang zwischen Schulschwänzen und der wachsenden Kinder- und Jugendkriminalität aufzeigten. Zwar wird nicht jeder Schulverweigerer zum Straftäter, aber eine Auswertung der Lebensläufe von inzwischen 2000 jungen Strafgefangenen in Niedersachsen ergab, dass weit mehr als 50 Prozent massiv Schule geschwänzt hatten. Der Soziologe Michael Wagner stellte bei einer Untersuchung mit Kölner Schülern fest, dass zwei Drittel der Schwänzer Freunde hatten, die stehlen, Drogen nehmen oder prügeln. Und 23 Prozent der vom DJI befragten Schulverweigerer gaben an, „Dinger gedreht zu haben".

Das Los Angeles County Office of Education machte schon in den frühen neunziger Jahren Schulabwesenheit „als verlässlichsten Vorboten von Jugendkriminalität" wie Ladendiebstahl und Vandalismus aus. Der Beweis: Die Verhaftungen wegen Ladendiebstahls gingen um sechzig Prozent zurück, als Polizeibeamte die Straßen von Kalifornien systematisch nach Schulschwänzern durchkämmten.

Inzwischen gibt es eine Fülle von Projekten und Maßnahmen, um schulische „Drop-outs" wieder fürs Lernen zu motivieren. Das liegt auch im Interesse der Gesellschaft, die es sich nicht leisten kann, so viel „Manpower" ungenutzt zu lassen. Das Nürnberger Projekt „Schulschwänzen", das Polizei und Schulamt gemeinsam entwickelt haben, wurde auf ganz Bayern ausgedehnt – mit durchaus beachtlichem Erfolg; die Zahl der notorischen „Freigänger" hat sich seit 1999 fast halbiert. Im Schuljahr 2001/2002 griff die Polizei denn „nur" noch 1513 Schulschwänzer auf.

Die Polizei holt nicht nur auf Antrag der Schulen oder Schul-
behörden säumige Schüler von zu Hause ab, sondern sucht aktiv
an Jugendtreffpunkten, in Kaufhäusern und Computerläden nach
Schwänzern und bringt diese zur Schule oder zu den Eltern. Das
Schul- und das Jugendamt werden informiert, und es gibt ein
„Erziehungsgespräch".

Nach diesem Konzept verfahren jetzt beispielsweise auch
Hannover, Osnabrück und Mannheim. Anders die Bielefelder
Polizei. Sie spricht auffällige Jugendliche zwar an und schickt
sie in den Unterricht, informiert aber nur die Schule; die entscheidet dann, wie sie weiter verfährt. „Bloß keine Stigmatisie-
rung", ist hier der Grundsatz. Dagegen will Bremen die Schwän-
zerei eindämmen, indem es „die Verantwortungsbereitschaft der
Eltern stärkt". Das soll nicht mit schönen Worten und Appellen
geschehen, sondern übers Portemonnaie: Eltern, die sich nicht
ausreichend um den Schulbesuch ihrer Kinder kümmern, soll
das Kindergeld gekürzt werden. Auch Brandenburg droht mit
Geldbußen; das Schulgesetz erlaubt – wie beispielsweise auch in
Thüringen – Zwangsgeld von Eltern zu fordern, die ihrer Verantwortung nicht nachkommen.

Soziologe Wagner hat allerdings Zweifel, ob die hartnäckigen
Schwänzer in der Schule je wieder richtig mitmachen. Auch Petra Zwickert vom nordrhein-westfälischen Jugendministerium ist
eher skeptisch, denn „an den Ursachen ändert das nichts". Das
Ministerium will tiefer ansetzen und mit einer intensiven sozialpädagogischen Begleitung den Jugendlichen die Chance auf
einen Schulabschluss und den Einstieg in die Arbeitswelt ermöglichen. Das geschieht über rund dreißig großenteils präven-
tive Projekte, mit denen etwa 2500 Jugendliche erreicht werden.
Auch der Berliner Innensenator Ehrhart Körting hält den Einsatz
der Polizei gegen Schulschwänzer für den falschen Weg. Er will
das Problem pädagogisch angehen.

„Ich halte das Nürnberger Projekt durchaus für eine pädagogische Lösung, vor allem in Großstädten", widerspricht Josef
Kraus, Präsident des Deutschen Lehrerverbandes, „potenzielle

Schwänzer müssen wissen, dass ihr Verhalten jemandem auffällt." Aber Kraus sieht auch die Schule in der Pflicht: Durch eine konsequente Anwesenheitskontrolle lasse sich das Schwänzen in neunzig Prozent der Fälle abstellen, wenn bei den Eltern nachgefragt werden könne, warum ihr Kind nicht zum Unterricht erschienen ist. In Großbritannien läuft ein entsprechender Versuch – per Handy und SMS. Auch Australien hat die Blaumacher-Quote an den bislang zwölf Versuchsschulen mit SMS und Internet um zwei Drittel reduziert An einer Schule in Marseille wird seit Schuljahrsbeginn 2002/03 die Anwesenheit der Schüler elektronisch per Strich-Kode-System festgehalten, und zwar stündlich. Jedes Fehlen ist künftig im Schulcomputer registriert. Die Absicht hinter dieser rigiden Kontrolle: Die Schüler sollen sich ihrer Pflichten bewusst werden und erfolgreicher sein.

Doch für solche Konzepte fehlt den deutschen Schulen vielerorts die Kompetenz. Die Schulgesetze müssten geändert werden. In Bremen beispielsweise ist eine Information der Eltern erst bei „auffälligen Fehlzeiten" vorgesehen. Das heißt, solange ein Schüler nicht mehr als zwei volle Tage pro Monat oder mehrmals in der Woche einzelne Stunden fehlt, erfahren die Eltern nichts. Allerdings sollen die Fehlzeiten jetzt zumindest im Zeugnis ausgewiesen werden – übrigens gegen den Protest der Schülervertretung. Immerhin ist fast die Hälfte der Schulverweigerer überzeugt, dass ihre Eltern gar nicht wissen, wenn sie der Schule fernbleiben. Bei volljährigen Schülern konnten sie es gar nicht wissen, außer Sohn oder Tochter hatte der Schule ausdrücklich erlaubt, die Eltern über schulische Angelegenheiten oder Auffälligkeiten zu informieren.

Das wird sich ändern. Mit dem Schuljahr 2002/2003 hat zum Beispiel Nordrhein-Westfalen die Schulordnung dahingehend geändert, dass „die gemeinsame Verantwortung von Schule und Elternhaus für das Wohl des jungen Erwachsenen" über den 18. Geburtstag hinaus bestehen bleibt. Das Gleiche gilt für Bayern. Dort wurde zum 1. August 2002 die Informationspflicht der Schule dahingehend erweitert, dass Eltern volljähriger Schüler, die noch nicht 21 Jahre alt sind, frühzeitig über auffällig sinkende Leistungen oder sonstige wesentliche Vorfälle zu benachrichtigen sind.

Auch die Eltern der 15-jährigen Christine wussten lange Zeit nicht, dass ihre Tochter in der Schule nur noch selten auftauchte. Morgens verließ das Mädchen ganz normal die Wohnung, ging dann aber zu Freunden oder in die Stadt. Christine hatte seit der vierten Klasse Probleme mit Mitschülern, sie wurde nicht akzeptiert, gelegentlich auch verprügelt. In der sechsten Klasse begann sie zu schwänzen, anfangs mal einen Tag, dann immer öfter. „Damals war das für mich eine Lösung meiner Probleme", sagt sie.

Inzwischen hat Christine wieder ein Ziel. Sie ist – wie Tobi – in einem Schulverweigererprojekt untergekommen. Hier will sie den Hauptschulabschluss schaffen und dann Köchin oder Friseurin werden. Zum Projekt gehören neben den Schulgruppen auch ein Atelierbereich und eine Catering-Schülerfirma, die die umliegenden Betriebe und Schulen beliefert und den Gewinn an die Schüler ausschüttet.

„Unser Ziel ist, dass die Jugendlichen lesen und schreiben lernen und überhaupt kontinuierlich kommen", erklärt Kunstpädagogin Petra Kron. Die besseren Schüler können den Hauptschulabschluss machen, etwa die Hälfte schafft das auch. Wenn die jungen Leute das Projekt verlassen, kümmert sich eine Sozialpädagogin noch bis zu einem Jahr um sie und unterstützt sie beim Berufseinstieg.

Die intensive Betreuung hat beachtenswerte Erfolge. Zwar schwänzen die Jugendlichen ab und an den Unterricht, aber bislang haben nur wenige die Ausbildung abgebrochen. Wenn es sein muss, holen die Pädagogen ihre Schüler auch von zu Hause ab oder unterrichten sie gleich dort. Soviel Engagement hat sich herumgesprochen. Es melden sich mehr Schulen, Betreuer und Eltern, die ein Problemkind unterbringen möchten, als aufgenommen werden können.

Einen etwas anderen Ansatz verfolgt das bundesweite Projekt „Coole Schule – Lust statt Frust beim Lernen", das mit Schuljahresbeginn 2002/03 an zunächst fünf Schulen angelaufen ist. Zielgruppe sind Verweigerer aus den Klassen sechs bis acht, also in der Regel zwölf- bis vierzehnjährige Jungen und Mädchen. Sie werden zwei Jahre lang in speziellen Lerngruppen ganztags unterrichtet und zusätzlich von einer Sozialpädagogin betreut; nachmittags wird vornehmlich an Projekten gearbeitet. Ab Klasse neun sollen die „Coolis" wieder am regulären Unterricht teilnehmen und den Schulabschluss schaffen. „Coole Schule" ist ein Praxisforschungsprojekt des Deutschen Vereins für öffentliche und private Fürsorge und wird durch die Deutsche Bank Stiftung „A. Herrhausen" gefördert.

Überhaupt engagiert sich die Wirtschaft für die Schulbildung. So hat die Hertie-Stiftung gemeinsam mit dem Christlichen Jugenddorfwerk Deutschlands und der Stadt Darmstadt das Präventionsprojekt KOMM gegründet, das bereits in der Grundschule ansetzt und nach kurzer Zeit so viel Erfolg versprach, dass es ausgeweitet wurde. Und die Aral-Stiftung hat zwei Jahre lang mit der Stadt Bochum bei einem Projektklassenmodell an Hauptschulen kooperiert, das „Wackelkandidaten" zum Abschluss führt und die Berufsreife fördert.

weitere Informationen:
www.sicherheitspakt.nuernberg.de/download/
    schulschwaenzer_kurz.pdf
www.dji.de
www.cjd.de
www.deutscher-verein.de/schulverweigerer
www.aral-stiftung.de
www.hertie-stiftung.de
www.bertelsmann-stiftung.de

BERNHARD MOGGE

Einfach dumm

Sind Braunäugige klüger als Blauäugige? Wie Vorurteile funktionieren, erklärt ein Workshop über Rassismus. Dabei erfahren Schüler Diskriminierung am eigenen Leib – als Opfer und als Täter.

„Irgendwann habe ich das nicht mehr als ein Spiel gesehen. Am Anfang hat es schon ein bisschen Spaß gemacht, dass wir da saßen als die Mächtigen und die anderen fertig machen konnten. Aber als dann einer fast angefangen hat zu heulen, fand ich das nicht mehr so lustig."

Die 12-jährige Anne hat einen schweren Schultag hinter sich. Vor allem einen ungewöhnlichen. Dabei wussten sie und ihre Mitschülerinnen und -schüler der siebten Klasse an der Dortmunder Gustav-Heinemann-Gesamtschule, dass kein normaler Unterricht stattfinden würde, sondern dass ihre Lehrerin Gabriele Schleuter einen mehrstündigen Workshop für sie arrangiert hatte, bei dem es um Rassismus und Vorurteile gehen sollte.

Damit hatten sich die Siebtklässler der „Schule gegen Rassismus" bereits beschäftigt: In einem Unterrichtsprojekt unter dem Motto „Typisch deutsch?" hatten sie beispielsweise festgestellt, dass die „urdeutschen" Gartenzwerge gar keine deutsche Erfindung sind, sondern ursprünglich aus der Türkei stammten. Und bei einem „Multi-Kulti-Fest" lernten sie, wie ihre türkischen, polnischen, russischen oder spanischen Klassenkameraden feiern, essen und trinken. Kein Problem also, mit derartigen Erfahrungen versehen ein Anti-Rassismus-Training zu absolvieren?

Von wegen. Zunächst einmal wird die Klasse von den Workshop-Leitern Jürgen Schlicher und Christian Schwarz in zwei

Gruppen aufgeteilt. Die „Blauäugigen" bekommen einen grünen Kragen verpasst und werden in einen kleinen, kahlen Raum geführt, in dem gerade mal zwei Stühle stehen. Warum das so ist und was sie dort tun sollen, wird ihnen nicht erklärt. Sie bleiben sich selbst überlassen, anderthalb Stunden lang. Die anderen sind die „Braunäugigen". Sie haben es in einem großen Klassenzimmer gemütlich, bekommen Kekse, Chips und Cola – und eine erste Ration Vorurteile.

„Dass die Blauäugigen dumm sind, das hat uns der Jürgen richtig eingehämmert", berichtet Anne. Und die 13-jährige Gülsüm ergänzt: „Er meinte, die Blauäugigen schnappen den anderen die Ausbildungsplätze weg." Sie dürften den „Blauen" nicht helfen und sich nicht mit ihnen solidarisieren, sonst, so die Drohung, „seid ihr selbst schneller ‚blauäugig', als euch lieb ist". Platt wie Stammtischreden sind die Ansichten, die über die Mitschüler verbreitet werden. Richtig ernst nehmen kann das von den „Braunen" niemand; sie kennen ja schließlich ihre Freunde.

Zumindest glauben sie das. Bis die „Blauen" hereingeführt werden. Die sind bereits durch das lange, sinnlos erscheinende Warten eingeschüchtert. „Wir haben da einfach in dem leeren Raum gesessen und aus dem Fenster geguckt", empört sich der 13-jährige Jahn-Peter. „Draußen standen die Typen. Wenn wir zu laut wurden, kam der Christian rein. Vor dem hatten wir Respekt, denn der sah aus wie ein Bodyguard und hat grimmig geguckt."

Es ist keine Erlösung, als die „Blauen" endlich zu den anderen dürfen. Die sitzen im Kreis, knabbern Kekse und äugen teils gespannt, teils misstrauisch. In der Mitte stehen ein paar leere Stühle, nicht genug für alle. Als sich einige der Neuen zu ihren Freunden setzen wollen, werden sie angeherrscht: „Wer hat euch das erlaubt? Setzt euch gefälligst in die Mitte!"

Und jetzt geht es richtig los. Auf dem Programm stehen simple Aufgaben: Texte von einem vorbereiteten Plakat laut vorlesen sollen die „Blauen", Regeln aufschreiben, die Jürgen diktiert. Aber richtig machen können sie nichts; ständig hagelt es Kritik und Beschimpfungen. Florian, 13 Jahre alt, ist jetzt noch aufgebracht: „Die haben uns richtig fertig gemacht. Wenn wir zum Beispiel gefragt haben, ob sie den Text noch einmal wiederholen könnten, fuhren sie uns nur an: ‚Könnt ihr denn nicht hören? Seid ihr taub? Typisch blauäugig eben!‘“

Typisch blauäugig. Ein Vor-Urteil. Was die willkürlich so eingeteilten Schüler hören und erleiden mussten, erfahren täglich unzählige Menschen, die diskriminiert werden – wegen ihrer Rasse, Herkunft, Religion, Hautfarbe oder weil sie von der Norm abweichen. Ziel des Trainings ist es, Diskriminierung am eigenen Leib spürbar und damit die Strukturen sichtbar zu machen, nach denen sie funktioniert.

Die Begründerin der Methode, die US-amerikanische Lehrerin Jane Elliott, ist der Überzeugung, dass niemand zum Rassisten geboren wird und dass Diskriminierung keine genetisch bedingte Verhaltensweise ist, sondern erlernt wird. Also, so Elliott, können diese Eigenschaften auch wieder verlernt werden. Nach der Ermordung des schwarzen Bürgerrechtlers Martin Luther King Jr. im April 1968 wollte sie ihren – weißen – Schülern die Hintergründe für die Tat und den virulenten Rassismus in der amerikanischen Gesellschaft erklären. Sie setzte auf die direkt erfahrbare, brutale Realität, indem sie der benachteiligten Gruppe, den „Blauäugigen“, alle negativen Stereotype zuordnete, die in der gesellschaftlichen Wirklichkeit den Unterprivilegierten – etwa ethnischen Minderheiten, Homosexuellen und Frauen – zugesprochen werden: so etwa Dummheit, Faulheit, Aufsässigkeit.

Das einfache Muster ist höchst wirkungsvoll. Und es zeigt erschreckend deutlich, dass dieses Machtspiel funktioniert, weil beide Gruppen „mitspielen“: die Privilegierten ebenso wie die Underdogs. Während die „Blauäugigen“ erfahren, dass sie keine Chance haben, zu den Losern gehören und im Laufe des Workshops tatsächlich anfangen, sich unterlegen zu fühlen, repräsentieren die „Braunäugigen“ die schweigende Mehrheit, die sich ihrer Bevorzugung bewusst ist, vielleicht ein schlechtes Gewissen hat, aber keine Solidarität mit den Unterlegenen zeigt.

Bestimmend für dieses Verhalten ist die Angst, Privilegien zu verlieren, sich auf einmal auf der „falschen" Seite wiederzufinden. Gülsüm gesteht Schwierigkeiten mit ihrer Rolle als „Braunäugige" ein: „Ich wollte einer ‚Blauen' helfen. Aber dann hatte ich Angst, dass die mich in deren Gruppe stecken. Ich wusste zwar, dass das ein Experiment ist, aber wenn du auf der guten Seite bist, dann willst du auf keinen Fall auf die andere Seite; da bist du lieber still." Auch Anne hatte Angst, zu den anderen zu kommen, „deshalb habe ich alles gemacht, was die wollten".

Deborah war bei „den anderen". Die 13-Jährige war von dem Verhalten ihrer „braunäugigen" Mitschüler enttäuscht. Für sie war das Ganze kein Spiel und ihre Wut echt. Florian ging es genauso: „Ich bin zwar ruhig geblieben, aber innerlich habe ich richtig gezittert. Ich war kurz davor, dem Jürgen eine reinzuhauen."

Warum niemand auf den Gedanken gekommen war, die Regeln zu durchbrechen, können sich die Schüler selbst nicht erklären. Bei der Nachbesprechung ist Gülsüm sauer: „Die ‚Blauen' haben nicht zugegeben, dass sie an unserer Stelle auch so gehandelt hätten." Anne überlegt: „Die können das gar nicht sagen, denn sie waren nicht in unserer Situation. Für uns war es auch nicht leicht, und im Nachhinein fühlt man sich total scheiße."

Den ganzen Tag mies gefühlt hatte sich Jahn-Peter. Seine Renitenz hatte ihn nur seine Ohnmacht deutlich spüren lassen. Trotzdem: Gelernt hat er viel. Wie die anderen. Anne würde gerne mal die Rollen tauschen. Und Deborah denkt, dass sie sich in Zukunft mehr engagieren wird, wenn Mitschüler diskriminiert werden: „Schließlich weiß ich jetzt, wie die sich fühlen."

Erfolgreich bei Kindern und Erwachsenen

„Menschen werden nicht als Rassisten geboren, sie werden dazu gemacht." Die Lehrerin Jane Elliott aus dem kleinen Ort Riceville im US-Bundesstaat Iowa entwickelte 1968 ein Anti-Rassismus-Training, zunächst für Schulkinder. Vor zehn Jahren wurde ihr „Blue-eyed"-Konzept durch eine TV-Show weltweit bekannt. Elliott bildet auch in Deutschland Trainer aus, die den Workshop in Schulen, Bildungseinrichtungen, Unternehmen, bei Polizei, Behörden und in kirchlichen Einrichtungen durchführen. An den mindestens siebenstündigen Workshops können jeweils 15 bis 30 Personen teilnehmen; eine Auswertung findet am selben Tag, eine weitere zirka vier Wochen später statt. Für größere Gruppen gibt es eine dreistündige Präsentation. Auch ein Film kann bestellt werden.

Der Verein „eyetoeye" (Postfach 1101, 53758 Hennef, Telefon 02243/845911, Fax 02243/845912, E-Mail info@eyetoeye.org) vermittelt Fachkräfte und gibt Auskunft über die Kosten, die für kommerzielle (Firmen) und nicht kommerzielle Veranstalter unterschiedlich sind. Fördermittel für das Training gibt es häufig bei Stiftungen, Landeszentralen für politische Bildung, Kirchen oder Kultusministerien. Frühzeitige Buchung ist ratsam.

weitere Informationen:
www.eyetoeye.org

V
Vorbild Ausland?

Kein Land, keine Schule kann von sich behaupten, ganz ohne Gewalt zu sein oder zuverlässige Gegenkonzepte entwickelt zu haben.
Dennoch ist es wichtig, den Blick auf andere
Länder zu richten. Die USA, Großbritannien
oder Finnland – Beispiele unter vielen – erpro-
ben durchaus auch unterschiedliche Wege und
Modelle, um die Probleme zu bewältigen. Wir
können voneinander lernen.

JUTTA FALKE

Schlachtfeld Schule

Amerikanische Reporter müssen nur allzu oft über Gewalt an Schulen in den USA berichten. Doch was im April 2002 am Gutenberg-Gymnasium in Erfurt geschah, hat sie sprachlos gemacht.

„So etwas", erzählt Mark, „hat es auch in den USA noch nicht gegeben." Dass ein Schüler systematisch seine Lehrer hinrichtet – nein, das ist neu. Mark Walker ist Lehrer an der Phelps High School im Südosten von Washington DC, eine Schule mit fast ausnahmslos schwarzen Schülern, an der er und ein weiterer Kollege die einzigen weißen Lehrer sind. „Ich bin der Mann für besonders schwere Fälle", grinst er. Zuständig für Lern- und Alltagsprobleme aller Art, wozu auch längere Gefängnisaufenthalte seiner Schüler zählen.

Bevor der jetzt 42-Jährige in die amerikanische Hauptstadt zog, arbeitete er als „Mediator" an einer vornehmlich weißen Schule in Seattle. Dort, erinnert er sich, war ihm ein Junge begegnet, an den er sofort denken musste, als die Bilder von dem Erfurter Amokschützen Robert Steinhäuser über die amerikanischen Fernseher liefen. Damals war ein Achtzehnjähriger, der als depressiv galt, zu ihm in die Beratung geschickt worden. Nach mehr als zwei Monaten hatte der Junge ihm dann den Plan gestanden, seine Schule in die Luft zu jagen. Aus Angst, die Abschlussprüfung zum wiederholten Mal nicht zu bestehen. Aus Furcht nicht zuletzt vor seinem Vater, der ihn bei erneutem Versagen angeblich töten würde. Mark half dem Schüler bei der Prüfung, und zusammen redeten sie auch irgendwann mit dem Vater. Der befürchtete Gewaltausbruch blieb aus. Stattdessen kamen dem Vater die Tränen.

In Erfurt gab es offenbar niemanden, der von Robert Steinhäusers Befindlichkeit wusste. Sechzehn Menschen schickte er in den Tod, bevor er sich selbst umbrachte. Amerika zeigt sich von dem Massaker in Deutschland so betroffen wie sonst nur selten bei Ereignissen außerhalb der eigenen Grenzen. Die „New York Times" bringt ein großes Foto auf der Seite eins, die Nachrichtensender ABC, CNN, NBC – alle schalten auf Bereitschaft, live aus Erfurt, „aus der mittelalterlichen Stadt in Ostdeutschland", die schockierende Schlagzeilen produziert.

Amerikanische Reporter schwärmen aus in die deutsche Provinz, um über etwas zu berichten, was sie aus der eigenen Heimat nur zu gut kennen – Gewalt an der Schule oder genauer: blutige Amokläufe von Schülern, die mit Pistolen und Gewehren Massaker anrichten.

Die Chronik von Schießereien an amerikanischen Schulen reicht weit zurück. Januar 1979: Montags an einer Grundschule in Cleveland. Eine Schülerin erschießt zwei Menschen und verletzt neun. Kommentar der Täterin: „I hate mondays", ich hasse Montage – ganz ähnlich hatte die irische Popgruppe „Boomtown Rats" einen Hit getitelt, der sehr bekannt wurde: „I don't like mondays". Dann, in kurzer Folge, viele Tote und Verletzte an Schulen in Pearl/Mississippi, Paducah/Kentucky, Jonesboro/Arkansas, Edinboro/Pennsylvania und Springfield/ Oregon. Großes Entsetzen verursachte im April 1999 ein Blutbad an der Columbine High School in Littleton/Colorado, als zwei Schüler erst zwölf Mitschüler und einen Lehrer und zum Schluss sich selber niederstreckten. Angeblich hatte es Warnsignale gegeben. Die Ermittler entdeckten später Waffen und Sprengstoff in den Schlafzimmern der Jungen; außerdem gab es E-Mails und Videos, die gravierende Probleme zumindest erahnen ließen.

Die Spur von Gewalt an amerikanischen Schulen reißt nicht ab. Stets fühlten sich Kinder und Jugendliche – der jüngste Attentäter war sechs Jahre alt – benachteiligt oder ausgegrenzt, einer war von der Freundin verlassen worden, ein anderer vom Unterricht ausgeschlossen worden, weil er zu oft gestört hatte.

Und, das erschreckt zumindest außerhalb der USA sehr, alle Täter hatten leichten Zugang zu Schusswaffen.

Sehr genau wird nun in den USA registriert, dass auch in Europa Massaker von solchen Ausmaßen stattfinden können, die man bisher nur im eigenen Land für möglich hielt. Hatten die Europäer sich nicht immer über die laxen amerikanischen Waffengesetze beschwert, die solche Taten angeblich beförderten? Hatte nicht Deutschland ausgerechnet am Tag der Tat, also am 26. April 2002, seine Waffengesetze verschärft?

Dabei spaltet das Thema „gun control", wie in den USA die Diskussion über strengere Waffengesetze genannt wird, auch die Amerikaner in zwei Lager – wenn auch in ungleiche, denn die Gruppe der Kontrollbefürworter gilt als größer. Nur noch am Thema Abtreibung entzünden sich sonst so heftige emotionale Debatten wie bei der Frage, wie das Land der Cowboys es mit den Waffen hält. Regelmäßig nach derart Aufsehen erregenden Verbrechen erklingt der Ruf nach schärferen Gesetzen, allerdings lässt sich eine politische Mehrheit dafür gegen die Gegner einer strengeren Rechtslage, die von der mächtigen National Rifle Association unterstützt werden, kaum mobilisieren.

Schon aus Angst für sein eigenes Leben tritt der Washingtoner Lehrer Mark Walker für strengere Waffengesetze ein. Er fragt sich allerdings, ob schärfere Gesetze die Situation an den Schulen wirklich verändern können. Vereinsamung und Sprachlosigkeit unter den Jugendlichen, begründet auch im Auseinanderbrechen der Familien, das sind für ihn die wahren Ursachen von Hemmungslosigkeit und Aggression. Diese manifestierten sich entweder in allgemeiner Gewaltbereitschaft oder eben auch in blutigen Verzweiflungstaten Einzelner.

Die Fakten sind erschütternd: So gibt das National Center for Injury Prevention an, dass Mord derzeit die zweithäufigste Todesursache in der Gruppe der Zehn- bis 24-Jährigen ist. Und in den Schuljahren von 1995 bis 1999 hat sich im Vergleich zum Zeitraum von 1992 bis 1995 – das geht aus Erhebungen desselben Instituts hervor – die Zahl der Mordtaten mit mehr als einem Opfer vervierfacht.

Staatliche Stellen werden nicht müde, Programme zu entwickeln: So haben Justiz und Erziehungsministerium Frühwarnleitfäden herausgegeben, die Eltern und Schulen helfen sollen, Warnsignale zu erkennen. Das FBI hat eine Broschüre veröffentlicht unter dem Titel: „Schießende Schüler – Wie man Gefahren richtig einschätzt". Ungezählte private Initiativen setzen ihrerseits auf „gewaltfreie Strategien zur Lösung von Konflikten", die Eltern, Freunde und Bekannte mit einbinden.

Als unmittelbare Sicherheitsmaßnahme werden mittlerweile an vielen Schulen – auch an der Phelps High School in Washington DC – Metalldetektoren eingesetzt und die männlichen Schüler jeden Morgen auf Waffen abgeklopft. „Nur löst all das", kommentiert ein Schulpsychologe aus New York die Situation, „unsere Probleme nicht. Die meisten Jugendlichen haben einfach niemanden, dem sie sich anvertrauen können." Den Schülern, die das Massaker an der Columbine High School in Littleton anrichteten, fehlte ganz gewiss eine solche Vertrauensperson, dem Erfurter Amokschützen ebenfalls.

MECHTILD KOSTAMOINEN

Netzwerk gegen Gewalt

An Finnlands Schulen gibt es wenig physische Gewalt, aber die psychische Gewalt nimmt zu. Umso wichtiger ist ein breites Angebot professioneller Hilfe.

Sage niemand, das Schulsystem spiele keine Rolle! Auch in vergleichsweise gut überschaubaren Schulen wie in Finnland können soziale und intellektuelle Unterschiede nicht ganz ausgeglichen werden. Das zeigte sich ganz krass bei der Reform des Schulsystems Anfang der 1970er Jahre. Von einem Schuljahr aufs andere wurde das bis dahin zweigliedrige auf ein eingliedriges System umgestellt. Diese für Schüler und Lehrer gewaltige Veränderung förderte Unsicherheit und Ängste.

Bis zur Umstellung gingen die Kinder in Finnland gemeinsam vier Jahre zur Grundschule; daran schloss sich entweder eine vierjährige Schulzeit an, die zu einem mittleren Abschluss führte, oder eine achtjährige, die mit dem Abitur abschloss. Kern der Reform ist die neue „peruskoulu". Das Wort wird meist mit Gesamtschule übersetzt, richtig ist Grundschule. Die „peruskoulu" umfasst die Klassen eins bis neun. Die Primarstufe dauert sechs, die Sekundarstufe I drei Jahre. Alle Schüler eines Jahrgangs werden in den Kernfächern zusammen unterrichtet; allerdings brauchen sie nicht in allen Fächern das gleiche Niveau zu erreichen. Übrigens haben auch die Schulen kein einheitliches Niveau. Schon Beginn und Umfang etwa des Fremdsprachenunterrichts führen zu Unterschieden, ebenso ein naturwissenschaftliches, ein musisches oder ein sportliches Profil. An die „peruskoulu" schließt sich die dreijährige Sekundarstufe II mit „lukio" (Gymnasium) oder Berufsschule an.

Vor allem in der neuen Sekundarstufe I gab es anfangs große Unsicherheit und in den ersten Jahren viel psychische und physische Gewalt. Schließlich standen ja auch die Lehrer vor völlig neuen Aufgaben. Auf manchen Schulhöfen wurden die Auseinandersetzungen mit Fäusten und Tritten, aber durchaus auch mal mit Fahrradketten ausgetragen. Viele Kinder störten massiv den Unterricht. Das heißt, konzentriertes Arbeiten war kaum möglich, weil die Ruhe dafür fehlte. Erst Anfang der 1990er Jahre wurde das Problem ernsthaft angegangen. Zunächst bat die Schulbehörde um möglichst detaillierte Rückmeldungen, mit welchen Formen von Gewalt die einzelnen Schulen zu tun hatten. Danach wurden Konzepte erarbeitet. Heute gibt es weniger offen verübte tätliche Gewalt auf den Schulfluren und -höfen, dafür aber umso mehr Mobbing, Hänseleien und Demütigungen, also seelische Gewalt.

Um gegenzusteuern ist die Zusammenarbeit von Behörde, Eltern, Lehrern und Schülern wichtig. Jede Schule hat ihr eigenes Anti-Gewalt-Konzept entwickelt, bei dem professionelle Hilfe ein wichtiger Teil ist. Ein Beispiel: Im Schulbereich von Pieksämäki, einer Kleinstadt im Osten Finnlands, helfen eine Schulpsychologin und eine Sozialarbeiterin, die so genannte Kuratorin, bei Schwierigkeiten. Die Psychologin arbeitet mit Kindern und Jugendlichen, die Lernprobleme haben, die Kuratorin ist bei anderen Problemen zuständig. Etliche Jugendliche kommen von sich aus in die Sprechstunde, andere werden vom Lehrer oder von den Eltern geschickt. Beide Mitarbeiterinnen erfahren in ihrem Bereich, was überall im Land gilt: dass das jeweilige Problem meist im Elternhaus wurzelt. „Die Kinder bekommen keine Grenzen gesetzt. Und einige haben auch keinen Erwachsenen, der für sie sorgt", berichtet Aija Sairanen, die Schulpsychologin.

In allen Sekundarstufen I gibt es inzwischen Schüler, die eine ähnliche Funktion wie die Streitschlichter an deutschen Schulen erfüllen. Das Konzept wird jetzt auf die Primarstufen übertragen. An der Primarschule in Launiala, einem Vorort von Mikkeli, haben drei Sechstklässler diese verantwortungsvolle Aufgabe übernommen. Sie wurden von der Schulgemeinschaft gewählt und eigens für ihre Arbeit geschult. Doch wie gut das System funktioniert, hängt sehr von den Personen ab und natürlich auch vom Vertrauenslehrer.

Im Gymnasium heißen die entsprechenden Schüler „Tutoren". Ihre Aufgabe besteht vor allem auch darin, den neuen Schülern zu helfen, sich in der Schule und mit deren Sitten zurechtzufinden. Gefragt, ob sie sich physische Gewalt an ihrer Schule vorstellen kann, verneint eine Elftklässlerin; allerdings kämen Mobbing, üble Nachrede und Nichtbeachtetwerden vor. Auch in einer Kleinstadt wie Mikkeli, in der Anonymität schwer zu leben wäre, hat sich erst im Frühjahr 2002 ein Abiturient erschossen, weil er mit seinen persönlichen Schulproblemen nicht zurechtkam und niemanden fand, den er ins Vertrauen hätte ziehen wollen.

Am Schuljahresende geben die Schulen den Kindern einen Fragebogen mit nach Hause, auf dem die Eltern eintragen sollen, ob ihr Kind Opfer von tätlicher oder seelischer Gewalt war, in welcher Weise und wie oft, und ob die Eltern etwas dagegen unternommen haben. Das ist im Ansatz richtig, reicht aber nicht aus. Die Mutter eines – übrigens guten – Schülers berichtete, dass ihr Sohn ein Jahr gebraucht hat, bevor er sich zu erzählen traute, dass er als Erstklässler von den größeren Jungen vor und nach der Schule oft herumgestoßen worden war. Die Älteren hatten gedroht, dass es ihm sehr schlecht erginge, wenn er petzen würde. Solange die Opfer solcher „heimlichen" Gewalt nichts zu sagen wagen, haben alle Anti-Gewalt-Aktionen keinen Wert.

Doch auch gegen seelische Gewalt ist schwer anzukommen, weil sich die Täter, zur Rede gestellt, meist herausreden können. Jüngst hat ein spektakulärer Mord die finnische Öffentlichkeit aufgerüttelt: In Lappeenranta hat ein Schüler eine Mitschülerin umgebracht, ein Motiv ist bislang nicht zu erkennen. Mehr Wachsamkeit und mehr Solidarität in Schule und Gesellschaft hätten das vielleicht verhindern können.

HEIKE KREUTZ-ARNOLD

Endstation für Rowdys

Brutale Kids? Von den guten Sitten an britischen Schulen ist nicht viel übrig geblieben. Die Labour-Regierung hat sich entschlossen, einen harten Kurs zu fahren. Jetzt gehen Schulen und Polizei gemeinsam gegen Schwänzer und gewalttätige Jugendliche vor.

Schenkt man britischen Boulevardblättern Glauben, sind viele Schulen des Landes zu Schlachtfeldern und deren adrett uniformierte Schüler zu Monstern mutiert. Eine Lehrerin, so steht zu lesen, erlitt eine Fehlgeburt, nachdem ein Schüler sie in den Bauch geboxt hatte. Eine andere versteckte sich vor gewalttätigen Pennälern im Schrank. Den Lehrern wird empfohlen, während des Unterrichts das Klassenzimmer abzuschließen, um zumindest gegen böse Überraschungen von außen geschützt zu sein.

„Alles Übertreibung", meint eine Sprecherin der größten britischen Lehrergewerkschaft, NUT. Doch es gibt bislang keine zuverlässigen Statistiken über die tatsächliche Zahl gewalttätiger Schüler. Dennoch sagen viele Lehrer, dass Gewalt inzwischen eine alltägliche Erscheinung an Englands Schulen ist. Bei einer Befragung im Jahr 2000 gaben zwei Drittel der Lehrer an, keine hinreichende Hilfe im Umgang mit gewalttätigen Schülern zu bekommen. Die damalige Bildungsministerin Estelle Morris hielt sogar die Angst vor Gewalt an Schulen für eines der größten Hindernisse bei der Rekrutierung der so dringend benötigten Lehrer.

Auch die Gewalt gegen Mitschüler bereitet den Bildungspolitikern Kopfzerbrechen. Knapp zwei Drittel aller Kinder und Jugendlichen haben Angst vor den körperlichen Attacken ihrer Mitschüler. Viele Jungen und Mädchen tauchen deshalb erst gar nicht in der Schule auf. Rund eine Million – das sind 15 Prozent der britischen Schüler – fehlt jedes Jahr unentschuldigt im Unterricht. Die Mehrzahl übrigens mit Wissen der Eltern.

Neben den Kindern, die Angst haben, gehören zu den Schulschwänzern auch jene, die keine Lust auf Schule haben. Dabei ist das Lernversäumnis noch nicht einmal das größte Problem. Laut Statistik besteht bei Schwänzern eine viermal größere Gefahr, in Kriminalität und Gewalt verwickelt zu werden, als bei regelmäßigen Schulbesuchern. Das entspricht den Erfahrungen in Deutschland und anderen Ländern. Tatsächlich ist durch eine konzertierte Aktion von Polizei und Schulen gegen Schwänzer im Londoner Arbeiterviertel East End die Straßenkriminalität um rund 20 Prozent gesunken, Einbrüche und Autodiebstähle gar um rund 38 Prozent.

Das Bildungsministerium hat Richtlinien, Videos und Websites erarbeitet, um Lehrern zu zeigen, wie sie mit schwänzenden oder gewalttätigen Schülern umgehen können. Außerdem werden psychologische Kurse angeboten, in denen Gewaltprävention und richtige Abwehr gelehrt werden. Doch scheinen vor allem die extremen Fälle unter der britischen Schülerschaft gegen jede noch so wohlmeinende Ministeriums-Richtlinie immun zu sein.

Um Gewalt und Schulschwänzerei zu bekämpfen, hat das Bildungsministerium im Jahr 2002 rund 180 Millionen Pfund (ca. 300 Millionen Euro) zur Verfügung gestellt. Dies ist das Zehnfache dessen, was die Regierung noch vor fünf Jahren ausgewiesen hatte. Erstmals sollen damit zum Teil drastische Maßnahmen finanziert werden. In den berüchtigtsten Schulen Englands werden rund 400 uniformierte Polizisten vollzeitig stationiert. Alle anderen Schulen sind aufgefordert, ein aktives Arbeitsverhältnis mit der örtlichen Polizei aufzubauen.

Bis zum Jahr 2004 sollen sich insgesamt 4000 speziell ausgebildete Sonderlehrkräfte der gewalttätigen und schwänzenden Schüler annehmen, von denen viele selbst Gewalt, elterliche Vernachlässigung oder gar sexuellen Missbrauch erfahren haben. Das prägt. Es wird also insbesondere auch darum gehen, bei den Kindern Lernblockaden zu beseitigen.

Um die Zahl der Schulschwänzer innerhalb von zwei Jahren zu halbieren, sollen in 500 Schulen elektronische Anwesenheitserfassungs-Systeme installiert werden. Vor allem aber sollen die Eltern stärker einbezogen oder belangt werden. Neben einer Eltern-Hotline sollen künftig auch drastische Sanktionen möglich sein. Erst kürzlich wurde eine Mutter von zwei schwänzenden Kindern zu zwei Monaten Haft verurteilt, weil sie, wie es heißt, auf mehr als siebzig Anrufe aus der Schule nicht reagiert hatte.

Die Wirkung derartiger Maßnahmen ist umstritten. Ein britischer Kolumnist schrieb sarkastisch: „Meine Kinder können also künftig damit drohen, mich in den Knast zu bringen, wenn ich ihnen Geld für das Augenbrauen-Piercing verweigere." Premierminister Tony Blair schlug vor, den Eltern von gewalttätigen oder schulschwänzenden Kindern das Kindergeld zu entziehen. Die Empörung, die er damit auslöste, ging weit über die Labour-Partei hinaus. Gewiss, viele Eltern – und nicht nur die aus sozial schwachen Schichten – nehmen es mit der Verantwortung gegenüber ihren Kindern nicht allzu ernst. Sie sollten Schulungen angeboten bekommen, in denen ihnen die Konsequenzen von Gewalt und Fernbleiben aus der Schule aufgezeigt und Impulse für den Umgang mit ihren Kindern vermittelt werden.

Wenn nichts mehr hilft, greifen die Schulen zur letzten möglichen Maßregel und erteilen Schulverweise. Schüler, die Waffen tragen, mit Drogen handeln oder wiederholt Gewalt anwenden, können sofort von der Schule gewiesen werden. Die Maßnahme ist umstritten. Ein Rausschmiss mag zwar ein Problem lösen, kann aber viele andere schaffen. Erwiesenermaßen haben diese Kinder gesellschaftliche Integrationsprobleme und werden schneller kriminell. Trotzdem sind im Jahr 2001 fast 10000 Schüler verwiesen worden, das sind elf Prozent mehr als im Jahr zuvor. Dabei hatte Morris' Vorgänger, David Blunkett, noch angekündigt, dass unter der Labour-Regierung die Zahl der Schulverweise bis 2002 um ein Drittel sinken wird. Dieses Ziel wird jetzt nicht mehr erwähnt. David Hart, Vorstand der Gewerkschaft der Schuldirektoren, meinte lakonisch: „Die hohe Zahl der Schulverweise zeigt deutlich, dass die Regierung bislang keine klare Lösung hat, um die Probleme zu bewältigen."

In dem 300-Millionen-Euro-Paket des Bildungsministeriums sind allerdings auch Maßnahmen enthalten, durch die sämtliche der Schule verwiesenen Schüler noch im Verlauf der nächsten Monate in eine Vollzeitausbildung kommen sollen. Die meisten Lehrer stehen den geplanten Maßnahmen positiv gegenüber.

VI
Rechte Gewalt –
Feindschaft gegen Fremde

Vorurteile entstehen oft aus Nicht- oder Halb-wissen. Vor allem die rechte Szene profitiert davon. Umso wichtiger ist es, über die Situation von Ausländern und Fremden in Deutschland Bescheid zu wissen, ihre kulturellen Werte, Regeln und Gewohnheiten zu kennen. Aber viele Jugendliche driften in das Spektrum rechtslastiger Ideologie auch aus Trotz oder purer Langeweile ab, immerhin bieten ihnen die neofaschistischen Cliquen und nationalen Jugendorganisationen aktive Freizeiten und einfache Leitbilder. Die Jugendarbeit muss hier ansetzen.

VOLKER THOMAS

Nicht nur die üblichen Verdächtigen

Bei Rechtsextremismus greifen klischeehafte Erklärungen zu kurz. Meinungsklima und persönliche Bedingungen bringen Jugendliche auf den falschen Weg.

Für die Medien sind die üblichen Verdächtigen meist schnell ausgemacht: Arbeitslosigkeit, ein autoritäres Elternhaus, das Zusammenrotten in einer gewaltbereiten Clique und der Alkohol. Fertig ist das Klischee vom fremdenfeindlichen, gewalttätigen Rechtsextremisten. Aber reicht das? Ist damit wirklich das Phänomen Rechtsextremismus erklärt? Und kommt man so den Ursachen bei?

„Gerade nicht", unterstreichen Peter Rieker und seine Kollegin Andrea Pingel vom Deutschen Jugendinstitut in Leipzig (DJI). „Rechtsextremismus und Fremdenfeindlichkeit haben tiefere Ursachen, jede eindimensionale Erklärung geht am Ziel vorbei." Die beiden Jugendforscher beschäftigen sich mit Ansätzen gegen Rechtsextremismus und Fremdenfeindlichkeit auf allen Ebenen der Jugendarbeit, von der gewerkschaftlichen bis zur Sportjugendarbeit. Besondere Aufmerksamkeit gilt dabei präventiven Ansätzen, der Kooperation der Projekte untereinander, geschlechtsspezifischen Merkmalen, der Rolle der Peergroup sowie der neuen Medien vom Internet bis zu den rechten Musiklabels. Auch ein Erfahrungsaustausch mit europäischen Nachbarländern ist vorgesehen.

Peter Rieker hat ein ganzes Ursachenbündel ausgemacht, das Fremdenfeindlichkeit und Rechtsextremismus begünstigt. Zunächst das „Meinungsklima", die Frage, welches Bild von Fremden und Ausländern in der Öffentlichkeit vorherrscht: Stammtischparolen, die Rede von Ausländern, die uns nützen, und solchen, die uns „ausnützen", der Einfluss der Medien, der lokalen Öffentlichkeit.

Hinzu kommen persönliche Bedingungen und Belastungen, die einen Jugendlichen dazu veranlassen, solchen Parolen zuzustimmen oder nicht: Sind seine Berufschancen gut oder schlecht? Wurde er aus seinem Job herausgedrängt? Arbeitet er mit Migranten zusammen? Ferner spielt das Elternhaus eine wichtige Rolle. „Aber nicht in dem platten Sinn: autoritärer Vater gleich autoritärer Sohn oder Tochter", sagt Rieker. Gefragt wird stets, ob „die Eltern Ansprechpartner bei Problemen sind oder nicht. Geben sie Hilfestellung, und kümmern sie sich um die Probleme ihrer Kinder? Und manchmal ist es ganz einfach so, dass ein Junge seine liberalen Eltern aus irgendeinem Grund ärgern möchte und deshalb rechtsextreme Parolen nachbetet. Außerdem lassen einige Beobachtungen den Schluss zu, dass dort, wo die Väter sich ihrer Verantwortung entziehen und als Ansprechpartner fehlen, oft sehr aggressive, gewalttätige Jugendliche heranwachsen."

„Wahrscheinlich spielt es auch eine Rolle, dass Jugendliche sich gesellschaftlich oft nicht ernst genommen und ausgegrenzt fühlen", zieht Andrea Pingel ein erstes Fazit. Arbeit mit rechten, fremdenfeindlichen Jugendlichen könne sich nicht darauf beschränken, ihnen den Mund zu verbieten. „Wir brauchen Sozialarbeiterinnen und Sozialarbeiter, die zuhören, argumentieren, diskutieren und Grenzen setzen können, die so eine Beziehung aufbauen und signalisieren: Wir hören dir zu, aber wir sind ganz anderer Ansicht – und das können wir begründen."

Sicherlich ist die „alternative" Jugendkultur – beispielsweise „Antifas", Punks, Umweltschützer – auch nicht immer „pflegeleicht", und oft wird sie kommunalpolitisch nicht gefördert. Im Rahmen des DJI-Projekts soll deshalb nicht allein die Arbeit mit rechten Jugendlichen dokumentiert, sondern es sollen auch die

Erfahrungen in der gemeinwesenorientierten Arbeit gegen rechts und die Stärkung von Gegenkultur in den Blick genommen werden.

Hilft das Lernen aus der Vergangenheit? „Es kommt darauf an, wie es gemacht wird", sagt Andrea Pingel. „Zeitzeugen einladen oder mit Skinheads in Gedenkstätten fahren – dies kann man nicht einfach voraussetzungslos tun." Peter Rieker findet, dass viel zu viele Angebote in der außerschulischen Bildungsarbeit an der Zielgruppe vorbeigehen. „Man geht lieber mit Gymnasiasten in die Gedenkstätten oder veranstaltet historische Exkursionen, das ist ja auch viel einfacher. Für Haupt- und Berufsschüler gibt es auf diesem Gebiet viel zu wenig Angebote."

Die Jugendforscher plädieren dafür, es nicht bei einer historischen Herangehensweise zu belassen: „Wir brauchen aktuelle Aufhänger: die Globalisierung, die Einwanderungsdebatte, den Bezug zum eigenen Alltag." Sehr gute Erfahrungen gibt es mit Straßentheaterprojekten, die scheinbare Gewaltszenen durchspielen, das Eingreifen provozieren oder eben das Wegsehen. „So etwas geht unter die Haut, weil es die Beteiligten dazu zwingt nachzudenken: Wie reagiere ich selbst? Wie entscheide ich mich?"

Was gab es an Projekten? Was wurde gefördert? Was funktioniert, was nicht? Peter Rieker und Andrea Pingel sammeln Dokumentationen und Berichte, wollen sich durch Gespräche und Beobachtungen einen Überblick über die unterschiedlichen Erfahrungen in der Praxis verschaffen, Konzepte und ihre Umsetzungen, ihr Gelingen oder auch Scheitern dokumentieren und auswerten. Schließlich sollen die Ergebnisse in Form von Veranstaltungen und Veröffentlichungen wieder der praktischen Jugendarbeit zur Verfügung gestellt werden – und so Hinweise liefern, welche Bedingungen ihr zugrunde liegen und wie sie verbessert werden kann.

Doch noch fehlt es an eindeutigen Kriterien, wann zum Beispiel Rechtsextremismus und Fremdenfeindlichkeit erfolgreich bekämpft worden sind. Zu untersuchen ist, wie sich die Situation der Jugendlichen verändert, was sich beim Einzelnen getan hat. Ein Ziel des Projektes ist deshalb, hier Hinweise zu geben, die eine Überprüfung der (eigenen) Praxis ermöglichen und vielleicht neue Konzepte entwickeln helfen.

weitere Informationen:
Deutsches Jugendinstitut, Dr. Peter Rieker, E-Mail Rieker@dji.de, Pingel@dji.de, Internet www.dji.de

Ausländerfeindlichkeit

Das Urteil von Jugendlichen ist stark durch ihre persönlichen Zukunftsaussichten geprägt (Zustimmung in Prozent)

„Ausländer, die in Deutschland kriminell werden, sollten sofort abgeschoben werden.": 86 / 78

„Ausländer nehmen den Deutschen die Arbeit weg, weil sie für weniger Geld arbeiten.": 62 / 36

„Ausländer, die sich nicht anpassen wollen, haben hier nichts verloren.": 79 / 66

„Deutschland ginge es wirtschaftlich viel besser, wenn nicht so viele Ausländer hier lebten.": 55 / 38

„Die meisten Politiker in Deutschland sorgen sich zu sehr um die Ausländer, nicht um den normalen Deutschen.": 62 / 38

Jugendliche mit weniger guten Perspektiven
Jugendliche mit guten Perspektiven

Quelle: „Jugend 2000"; 13. Shell Jugendstudie

© VECTUR & ICON

144

MARC-CHRISTOPH WAGNER

Brandgefährliche Mischung

**Keine Chance dem Rechtsextremismus: Lokale Jugend-
arbeit muss das radikale Umfeld aufbrechen. Bund,
Länder und Kommunen fördern entsprechende Programme. Doch wenn sie wirklich etwas nützen sollen,
müssen sie langfristig angelegt werden.**

Als Bundesinnenminister Otto Schily am 24. Mai 2002 den Ver-
fassungsschutzbericht für das Jahr 2001 präsentierte, stand ein
Thema oben an: der Kampf gegen den Terror, insbesondere den-
jenigen islamistischer Herkunft. Die Anschläge vom 11. September 2001, so Schily, hätten die Dimension der Bedrohung
erkennen lassen, der die zivilisierte Welt den islamistischen
Extremismus ausgesetzt sei. Gleichzeitig musste der Minister
feststellen, dass die Zahl der Extremisten, rechts wie links, insgesamt zwar rückläufig ist, die Gewaltbereitschaft innerhalb der
Gruppierungen jedoch zunimmt. So ist die Gesamtzahl der
Rechtsextremisten zwar von 50.900 auf 49.700 zurückgegangen,
aber die der Gewaltbereiten von 9700 auf 10.400 gestiegen.

Als extremistisch gelten Bestrebungen, die mit einer klaren
und explizierbaren Zielstellung darauf ausgerichtet sind, entweder die freiheitlich-demokratische Grundordnung oder das
politische System anzugreifen oder den Staat selbst infrage zu
stellen.

Obenan steht die Skinhead-Szene. Ihr „gehören überwiegend
männliche Jugendliche und Heranwachsende an, deren Lebens-
einstellung wesentlich durch ihr Zugehörigkeitsgefühl zu dieser
jugendlichen Subkultur geprägt wird… Ihr diffuses rechtsextre-
mistisches Weltbild wird von fremdenfeindlichen, nationalisti-

schen, antisemitischen und den Nationalsozialismus verherrlichenden Einstellungen bestimmt." Da Aggressivität und Gewaltbereitschaft zu ihrem Selbstverständnis gehören, treten Skinheads immer wieder durch spontane, oft durch Alkoholkonsum beförderte Gewalttaten gegen Fremde, Juden und politische Gegner in Erscheinung.

Die Zahl gewaltbereiter Rechtsextremisten ist in Ostdeutschland überproportional hoch. Dort lebt fast die Hälfte aller Skinheads, aber nur rund ein Fünftel der Bevölkerung. Der registrierte Zulauf zur Szene ist daher ein Hinweis darauf, dass das Problem der wachsenden und in zunehmendem Maß gewaltbereiten Jugendkultur in Deutschland in Wahrheit sehr viel größer ist.

Die sozialwissenschaftliche Forschung kommt zu entsprechenden Ergebnissen: Bei bis zu einem Fünftel der Bevölkerung in den neuen Bundesländern lassen sich rechtsextreme Einstellungen nachweisen. In Brandenburg, so ein Erfahrungsbericht des Mobilen Beratungsteams, einer Organisation, die sich dem Kampf gegen den Rechtsextremismus und für Toleranz verschrieben hat, existiert eine starke rechtsextreme Jugendkultur. Hier hat sich eine regelrechte Kontrastgesellschaft entwickelt, eine Enklave der Gehässigkeit und des Vorurteils, in der ressentimentgeladene, missgünstige, ja gewaltphantasierende Denk- und Deutungsmuster in unterschiedlicher Ausprägung ein fester Bestandteil der normalen Alltagskommunikation sind.

In der Öffentlichkeit sind rechtsextrem und rassistisch geleitete Werte- und Verhaltensmuster weniger demonstrativ anzutreffen, wohl aber im privaten Leben. In Bekannten-, Freundes- und Arbeitskreisen, in Vereinen, Verbänden und Parteien sind entsprechende Äußerungen laut zu hören.

Bei derartigen Einstellungen und Verhaltensweisen unter Jugendlichen handelt es sich also nicht um gefestigte, reflektierte und inhaltlich konsistente Ideologien, sondern um Mentalitäten, die als Ausdruck eines kulturellen Protestes zu verstehen sind. Der Zugang zur rechtsradikalen Jugendkultur vollzieht sich zum einen meist aus einer – normal pubertären – Protesthaltung (gegen das Elternhaus, die Schule, das soziale Umfeld), zum anderen aus einem Mangel an Alternativen.

Das heißt: Wie sich der Einzelne innerhalb des rechtsextremen Umfeldes schließlich entwickelt, ob er sich radikalisiert oder es bald schon wieder verlässt, hängt nicht zuletzt mit genau diesem Umfeld zusammen.

Vor diesem Hintergrund kommt beispielsweise dem Angebot an Jugendarbeit eine wichtige Bedeutung zu. In den vergangenen Jahren wurden durch Bund, Länder und Kommunen eine Reihe von entsprechenden Programmen initiiert und gefördert. Michael Kohlstruck, der Leiter der Arbeitsstelle Jugendgewalt und Rechtsextremismus am Zentrum für Antisemitismusforschung der Technischen Universität Berlin, moniert aber, dass zu viele zeitlich befristete Einrichtungen und Angebote eingeführt wurden, deren personelle Situation in einem eklatanten Kontrast zum Gebot der Fachlichkeit und der Kontinuität in der Jugendarbeit steht. Das führt zum häufigen Wechsel des Personals, zu übermäßiger Belastung der Mitarbeiter, zur Beschäftigung von fachfremden Kräften sowie zu einem hohen Zeitaufwand bei der Einwerbung und Verwaltung von Fördermitteln.

Dadurch können nur schwer Akzeptanz- oder gar Vertrauensverhältnisse zwischen Jugendarbeitern und Jugendlichen entstehen. Eine wechselseitige Anerkennung der Person ist jedoch „die erste und wichtigste Voraussetzung für eine soziale Beziehung, in der Impulse zum Abrücken von einmal eingenommenen Positionen und Verhaltensweisen überhaupt fruchten können", so Michael Kohlstruck.

Der Aufstand der Anständigen kann die Arbeit der Zuständigen nicht ersetzen. Ausdrücklich warnt Kohlstruck vor einer „Verprojektierung der Jugendarbeit". Die ungesicherte Dauerförderung der lokalen Jugendarbeit ist ein Grund, warum häufig keine Alternativen zur rechtsradikalen Jugendkultur existieren. Deren Monopolstellung aufzubrechen ist, so Michael Kohlstruck, „vielerorts schon lange keine Frage mehr von Konzeptentwicklungen und mangelndem Wissen, das durch weitere Forschungen beigebracht werden müsste, sondern eine Frage des politischen Willens und der Umsetzungen". Es liegt an den Verantwortlichen, hinreichend zu handeln. Denn schon lange kann niemand mehr behaupten, er habe von der wachsenden Gewaltbereitschaft der Jugendlichen und ihren Ursachen nichts gewusst.

weitere Informationen:
www.bmi.bund.de
www.tu-berlin.de/~zfa
www.mobiles-beratungsteam.de
www.xenophilia.de

DenkT@g im Internet

Einmischen statt wegsehen, dem Rechtsradikalismus wirksam Paroli bieten: Zivilcourage fördert die Konrad-Adenauer-Stiftung unter anderem mit einem Wettbewerb für Schulklassen, Schülergruppen und einzelne Schüler. „DenkT@g" bietet Jugendlichen die Möglichkeit, sich intensiv und offensiv mit Fremdenhass, Nationalsozialismus und Rechtsextremismus zu beschäftigen und die Ergebnisse auf einer Internet-Seite zu präsentieren. Teilnehmen können Jugendliche ab sechzehn Jahren. Mögliche Themen sind: Aspekte der Aufarbeitung des Nationalsozialismus, aktuelle Erscheinungen rechtsradikaler Fremdenfeindlichkeit, Gewaltverhalten, Extremismus und Radikalismus in jeder Ausprägung.

weitere Informationen: www.denktag.de

PAUL SCHWARZ

Nie wieder prügeln

Sozialtherapie statt Knast: In Landau hilft ein schwarzer Erzieher gewaltauffälligen Jungen beim Ausstieg aus der Skinhead-Szene.

Er gehörte zum harten Kern der saarländischen Rechten. Sven, inzwischen achtzehn Jahre alt, war Mitglied der Jungen Nationalliberalen in der NPD. Die Skinheads „mischten Ausländer auf". Sven hat die rechte Szene verlassen. Seit einiger Zeit lebt er in der Wohngruppe Nummer sieben im „Jugendwerk St. Joseph", dem Sozialpädagogischen Bildungszentrum in Landau-Queichheim in der Pfalz.

„Als er zu uns kam", erinnert sich Dembo Krubally, schwarzafrikanischer Erzieher aus Gambia, „hatten wir beide voreinander Angst. Immer wenn ich zu Sven ins Zimmer kam, provozierten mich die aufgehängte Reichsflagge und die dröhnende rechte Musik." Für Sven seinerseits war es eine dicke Überraschung, um nicht zu sagen ein Schock, ausgerechnet in der Provinz auf einen farbigen Ausländer zu treffen – und ihm zugeordnet zu sein.

Dembo Krubally lebt seit vierzehn Jahren in Deutschland. Er hat in Gambia studiert und in Dorfschulen seiner Heimat unterrichtet; wegen Kritik an der Regierung musste er das Land verlassen. Seit acht Jahren arbeitet der 37-jährige Erzieher im Jugendwerk. Mit drei deutschen Kollegen betreut er die Gruppe Nummer sieben, „strukturiert den Alltag", wie es amtlich heißt. Er achtet darauf, dass sich jeder wäscht, abends pünktlich um 22.30 Uhr ins Bett und morgens um 7.30 Uhr zur Arbeit geht. Dembo verwaltet das verdiente Geld der jungen Männer, organisiert mit ihnen gemeinsam das Essen, sorgt für Ordnung und Disziplin, lebt, spielt und lernt mit ihnen.

Sven war mit der Polizei aneinander geraten, weil er einen Ausländer krankenhausreif geprügelt hatte. Statt in einer Jugendstrafanstalt landete er im Sozialpädagogischen Bildungszentrum. Die neue Umgebung, die Wohngemeinschaft mit zwei farbigen Jugendlichen hat ihm geholfen, sich von der rechten Bewegung loszulösen. „Ich wollte weg, weil es nichts gebracht hat außer Anzeigen und Stress", meint er. Der ehemalige Skin, einstmals voll Hass gegen alles „Nichtdeutsche", hat sich auch mental von seiner ehemaligen Gang gelöst und findet das, was er früher gemacht hat, „Schwachsinn".

Sven kommt aus einem gutbürgerlichen Elternhaus und wuchs in einer Clique heran, die allmählich nach rechts abdriftete. Sie brüllten Nazi-Parolen und jagten Ausländer. „Aus diesem Kreis schaffst du den Absprung nur, wenn du dich brutal losreißt", weiß Sven und erklärt: „Das ist sehr schwer, denn du magst die Typen irgendwie emotional." Heute setzt er auf Aufklärung und Gespräch mit den Rechten: „Nicht über sie reden, wie es die Politiker und Medien tun, sondern mit ihnen. Das sind zum Teil arme Schweine, die da mitmarschieren, oft orientierungs- und arbeitslos." Und so schlecht, wie sie oft gemacht würden, seien die meisten ja auch nicht.

Tatsächlich haben viele gewaltbereite Jugendliche keine positiven Vorbilder in der Familie oder in der Schule. Fehlt es dann noch an sozialer Anerkennung, können sie kein Selbstwertgefühl entwickeln. Deshalb neigen, so Kurt Möller, Pädagogik-Professor an der Esslinger Hochschule für Sozialwesen (HfS), in einer Langzeitstudie über „Rechte Kids", „jüngere Jugendliche dazu, sich rechtsextremen Cliquen anzuschließen". Um dort zu zählen, muss man nur ein Kriterium erfüllen: Deutscher sein. „Dafür muss man nichts tun, sich nicht in der Leistungsgesellschaft behaupten und anstrengen."

Seine Untersuchungen bestätigen auch, was Sven sozusagen im Selbstversuch herausgefunden hat: Vorurteile verschwinden in dem Maße, wie sie im persönlichen Zusammenleben – etwa in einer Wohngruppe oder in einer Fußballmannschaft – überprüft werden können. „Man hat nur Vorurteile", fasst Sven zusammen, „wenn man sich nicht kennt."

Fast alle Jugendlichen in der katholischen Einrichtung können schlimme Geschichten erzählen: von Hass und Gewalt, von Familien- und Schultragödien, von bösen Stiefvätern und betrunkenen Müttern. Fast alle wurden herumgeschubst, verprügelt, bekamen nur wenig Liebe. Der eine schlug alles kurz und klein, der andere knackte Autos und Automaten, der Dritte verweigerte die Schule und nahm Drogen.

Das Heim beherbergt zirka 90 Jugendliche aus ganz Deutschland. Wer hier landet, stand am Beginn einer kriminellen Karriere und ist bereits mit dem Gesetz in Konflikt geraten. Doch Ausländerfeindlichkeit ist für Fabian, Ricci und die anderen aus dem Haus sieben kein Thema. „Das sind doch Menschen wie du und ich. Was sollte ich gegen sie haben?", meint Ricci und schaut seinen farbigen Zimmernachbarn Fabian an. „Man muss miteinander reden, Vertrauen aufbauen", empfiehlt Dembo Krubally.

Ein Schwarzafrikaner hilft, weiße Jugendliche zu erziehen, jungen Deutschen wieder einen Lebenssinn zu geben. „Mit Kopfschmerzen", so Direktor Erhard Ries, „haben wir Herrn Krubally eingestellt." Nicht zuletzt, weil Dembo Muslim ist. Der zuständige Bischof musste über einige Schatten und kirchliche Richtlinien springen. Doch Dembo Krubally überzeugte in einem zweiwöchigen Praktikum. Er kam gut mit den Lehrlingen zurecht und diese mit ihm. Heute spricht Direktor Ries von einem „Phänomen". Dembo scheut sich nicht, sich offen zum Islam zu bekennen und in seinem Büro die Tagesgebete zu verrichten. Das wird respektiert, macht Eindruck bei Jugendlichen, die mit Religion, Gott und Frömmigkeit wenig anfangen können und allenfalls in die Kirche gehen würden, „wenn es dort Freibier gibt".

„Geeignete Maßnahmen zur Erziehung", so der Terminus der Jugendämter, sollen die Jugendlichen wieder auf den rechten Weg zurückbringen. Sie wohnen allein oder zu zweit auf einem

Zimmer, lernen Lackierer, Schreiner, Kfz-Mechaniker oder Maurer. Noch vor einigen Jahren wurden in manchen Wohngruppen die Selbstzweifel auf alle projiziert, die auf der sozialen Leiter scheinbar noch tiefer stehen, die „schuld sind an allem Übel": zum Beispiel die Ausländer. Und so brüllten die Jungen schon mal Nazi-Lieder und grölten „Sieg Heil" gegen „Fidschis", „Zecken" und „Kanaken".

„So etwas", sagt Direktor Ries, „spielt sich bei uns kaum noch ab." Die Psychologin Pia Müller führt das nicht zuletzt auf das gemeinsame Wohnen, Arbeiten und Leben zurück. „Hier zählt nur die Persönlichkeit, egal, ob du Deutscher oder Ausländer bist." Egal, ob ein Erzieher weiß oder schwarz ist. „Dembo versucht uns zu verstehen, er redet mit uns, auch wenn er manchmal streng sein muss", lobt Ex-Skin Sven.

Manchmal sind die Jungen aggressiv. Sie ärgern sich über das in ihren Augen zu geringe Taschengeld und den begrenzten Ausgang („Die Freundin darf nicht mit aufs Zimmer und muss um neun Uhr von Bord"). Frust und Enttäuschung entladen sich dann gegen die Erzieher. Dennoch beklagt sich Dembo nicht: „Im Großen und Ganzen sind die Jungs mir gegenüber okay." Besonders gut scheint sich der Gambier mit Skins zu verstehen, so merkwürdig das klingen mag. Vor Sven war das Stefan aus Bayern mit „Skin"- und Hakenkreuz-Tätowierung auf dem Arm. Der damals 15-Jährige hatte mit drei Kameraden Grabsteine umgestürzt und Ausländer zusammengeschlagen, weil ihn deren Palästinensertuch oder irgendetwas anderes störte. Auf Stefan warteten vier Anklagen wegen schwerer Körperverletzung, Verbreitung nationalsozialistischen Gedankenguts, Waffenbesitz und Grabschändung, als er ins Jugendwerk kam.

Nach einigen Monaten nahm ihn Dembo mit zu einer afrodeutschen Party, organisiert von einer „Initiative zur Förderung deutsch-ausländischer Begegnungen" in Landau. Stefan hatte sich ein Palästinensertuch um den Hals geschlungen, er half bei den Vorbereitungen und malte Plakate. Auf einem stand: „Wir sollten uns kennen lernen".

Zitierte Literatur

Günther Braun, Edith Dietzler-Isenberg, Andreas Würbel: Kinder lösen Konflikte selbst! Mediation in der Grundschule. Bensberger Studien 11. Thomas-Morus-Akademie, Bensberg. 3. überarb. und erw. Auflage 2002, 160 Seiten

Der Brockhaus für Eltern. Kinder verstehen, Kinder erziehen. Verlag F. A. Brockhaus, Leipzig 2001, 704 Seiten

Tilmann P. Gangloff: Schlechte Nachrichten – schreckliche Bilder. Mit Kindern belastende Medieneindrücke verarbeiten.
(Vorwort von Jan-Uwe Rogge.) Herder spektrum TB. Herder Verlag, Freiburg im Breisgau 2002, 158 Seiten

Karl Gebauer, Gerald Hüther: Kinder brauchen Orientierung. Walter-Verlag, Düsseldorf 2002, 200 Seiten

Dietmut Hauk: Streitschlichtung in Schule und Jugendarbeit. Das Trainingshandbuch für Mediationsausbildung. Grünewald-Verlag, Mainz 2001, 184 Seiten

Gerald Hüther: Bedienungsanleitung für ein menschliches Gehirn. Verlag Vandenhoeck & Ruprecht, Göttingen 2001, 139 Seiten

Gerald Hüther, Helmut Bonney: Neues vom Zappelphilipp. ADS: verstehen, vorbeugen und behandeln. Walter-Verlag, Düsseldorf 2002, 160 Seiten

Jugend 2002. 14. Shell Jugendstudie. Fischer-TB 15849, 464 Seiten

Gustav Keller: Konfliktmanagement in der Schule. Moderieren – Lösen – Vorbeugen. Kallmeyersche Verlagsbuchhandlung, Seelze-Velber 2001, 104 Seiten

Konfliktlotsen. Lehrer und Schüler lernen die Vermittlung im Konflikt. Unterrichtsideen. Ernst Klett Verlag, Stuttgart 2002, 112 Seiten inkl. 28 Kopiervorlagen

Sascha Krefft: Austeilen oder Einstecken? Wie man mit Gewalt auch anders umgehen kann. Kösel Verlag, München 2002, 120 Seiten

Gabriele Kuby: Kein Friede ohne Umkehr – Wortmeldungen einer Konvertitin. Laudes Verlag, Eggstätt 2002, 192 Seiten

Klaus Merten: Gewalt durch Gewaltdarstellung in den Medien? Zyklen und Sündenböcke. In: Forschung & Lehre. Zeitschrift des Deutschen Hochschulverbandes 7/2002, Seite 357–359

Horst Petri: Der Verrat an der jungen Generation. Welche Werte die Gesellschaft Jugendlichen vorenthält. Verlag Herder, Freiburg im Breisgau 2002, 221 Seiten

Morton Rhue: Ich knall euch ab! (Originaltitel: Give a boy a gun) Aus dem Amerikanischen von Werner Schmitz. Ravensburger TB 58172, 160 Seiten (ab 15 J.)

Jan-Uwe Rogge: Kinder brauchen Grenzen. Rowohlt-Sachbuch TB 19366, 224 Seiten

Jan-Uwe Rogge, Bettina Mähler: Lauter starke Jungen. Ein Buch für Eltern. Rowohlt Verlag, Hamburg 2002, 208 Seiten

Jamie Walker (Hg.): Mediation in der Schule. Konflikte selber lösen in der Sekundarstufe I. Cornelsen Verlag, Berlin 2001, 224 Seiten

Eliane Whitehouse, Warwick Pudney: Wut: Ein Vulkan in meinem Bauch. Wut und Gewalt; Übungen und Spiele; Lösungsstrategien. Lehrer-Bücherei: Grundschule. Verlag Cornelsen Scriptor, Berlin 2002, 112 Seiten

Katharina Zimmer: Widerstandsfähig und selbstbewusst. Kinder stark machen fürs leben. Kösel-Verlag, München 2002, 197 Seiten

Jürgen Zinnecker: Null Zoff & voll busy. Verlag Leske+Budrich, Opladen 2002. 176 Seiten

Weiterführende Literatur

Aktiv gegen Gewalt

Thea Bauriedl: Wege aus der Gewalt. Die Befreiung aus dem Netz der Feindbilder. Herder spektrum TB. Herder Verlag, Freiburg im Breisgau 2001, 190 Seiten

Gisela Blümmert: Schweigend wegschauen? Was tun, wenn mir Gewalt begegnet? Herder spektrum TB. Herder-Verlag, Freiburg im Breisgau 2002, 160 Seiten

Reiner und Anne Engelmann, Otto Herz (Hrsg.): Zivilcourage jetzt! Arena-TB 2081, 144 Seiten (ab 12 J.)

Magdalena Köster: GegenPower – Zivilcourage, Mut & Engagement. dtv-TB 78173, 192 Seiten

Bettina Mainberger: Jede Menge Zoff. Was tun gegen Gewalt und Mobbing? dtv-TB 78175, 192 Seiten

Jugendbücher

Mirjam Oldenhave: Donna, ich und die Sache mit Tommi. dtv junior 70687, 128 Seiten (ab 11 J.)

Celia Rees: Klassenspiel. Ars edition, München 2002, 194 Seiten (ab 10 J.)

Dieter Winkler: Stoppt Gewalt. In letzter Sekunde. Thienemann Verlag, Stuttgart-Wien 2002, 160 Seiten, (ab 12 J.)

Sigrid Zeevaert: Mehr als ein Spiel. dtv junior 70718, 128 Seiten (ab 10 J.)

Elisabeth Zöller: Ich knall ihr eine! Emma wehrt sich. Thienemann Verlag, Stuttgart-Wien 2001, 128 Seiten (ab 10 J.)

Elisabeth Zöller: Wir drei aus der Pappelstraße. Die falsche Spur. Thienemann Verlag, Stuttgart-Wien 2002, 128 Seiten (ab 8 J.)

Erziehung

Roswitha Defersdorf: Deutlich reden, wirksam handeln. Kindern zeigen, wie das Leben geht. Herder spektrum TB 4829, Herder Verlag, Freiburg im Breisgau 2000, 187 Seiten

Amitai Etzioni: Jeder nur sich selbst der Nächste? In der Erziehung Werte vermitteln. Herder spektrum TB 5146, Herder-Verlag, Freiburg im Breisgau 2001, 160 Seiten

Albert Wunsch: Die Verwöhnungsfalle. Für eine Erziehung zu mehr Eigenverantwortlichkeit. Kösel-Verlag, München 2000, 238 Seiten

Einfluss der Medien

Ben Bachmair: Abenteuer Fernsehen. Ein Begleitbuch für Eltern. dtv-TB 36243, 224 Seiten

Christian Büttner: Von der Realität überholt? Mediale Gewalt und Jugendschutz in gesellschaftlicher Verantwortung. HSFK-Report 7/2002, hrsg. von der Hessischen Stiftung Friedens- und Konfliktforschung, Frankfurt am Main 2002, 42 Seiten

Schul-Arbeit

Matthias Drilling: Schulsozialarbeit. Antworten auf veränderte Lebenswelten. Verlag Paul Haupt, Bern-Stuttgart-Wien 2001, 152 Seiten

Wilfried Schubarth: Gewaltprävention in Schule und Jugendhilfe. Theoretische Grundlagen, Empirische Ergebnisse, Praxismodelle. Luchterhand Verlag, Neuwied 2000, 240 Seiten

Disziplin – Kein Thema? Engagement. Zeitschrift für Erziehung und Schule, hrsg. vom Arbeitskreis katholischer Schulen in freier Trägerschaft, Heft 1/2002, 52 Seiten

Soziales Lernen. Engagement. Zeitschrift für Erziehung und Schule, hrsg. vom Arbeitskreis katholischer Schulen in freier Trägerschaft, Heft 2/2002, 132 Seiten

Fremdenfeindlichkeit

Reiner Engelmann (Hg.): Gegen Rechts. Texte gegen den Rechtsextremismus. Arena-TB 2235, 144 Seiten (ab 12 J.)

Frederik Hetmann: Wir sind alle Fremde hier. Arena life TB 2707, 216 Seiten (ab 12 J.)

Armin Pfahl-Traughber: Rechtsextremismus in der Bundesrepublik. C. H. Beck, München 1999 (Beck'sche Reihe 2112), 128 Seiten

Burkhard Schröder: Aussteiger. Wege aus der rechten Szene. Ravensburger TB 58175, 224 Seiten (ab 14 J.)

Burkhard Schröder: Ich war ein Neonazi. Reportage über den Aussteiger Ingo Hasselbach. Ravensburger Buchverlag, Ravensburg 1994, 160 Seiten

Xenophilia. Xenophiliagame, PC-Spiele. CD-ROM und Informationsbroschüre. FORAREA, Institut für Geographie, Erlangen, Demo-Version im Internet: www.xenophilia.de

Nützliche Adressen

Deutscher Kinderschutzbund
e.V. (DKSB)
Schiffgraben 29
30159 Hannover
Telefon 0511/304 85-0
Fax 0511/304 85 49
E-Mail info@dksb.de
Internet
www.kinderschutzbund.de

Bundesarbeitsgemeinschaft
Kinder- und Jugendtelefon
e.V. (BAG)
Kleiner Werth 34
42275 Wuppertal
Telefon 0202/259 059-0
Fax 0202/259 059-19
E-Mail info@kinderund-
jugendtelefon.de
Internet www.kinderund-
jugendtelefon.de

Nummer gegen Kummer
0800/111 0 333
(Kinder und Jugendliche
können Montag bis Freitag
von 15 bis 19 Uhr kostenlos
und anonym anrufen)
Elterntelefon 0800/111 0 550
(kostenloser Anruf Montag
bis Mittwoch von 9 bis 11 Uhr,
Dienstag und Donnerstag
von 17 bis 19 Uhr)

Deutsche Kinder- und
Jugendstiftung (DKJS)
Chausseestraße 29
10115 Berlin
Telefon 030/280 70 00
Fax 030/283 22 02
E-Mail info@dkjs.de
Internet www.dkjs.de

Deutsches Jugendinstitut (DJI)
Stallbaumstraße 9
04155 Leipzig
Telefon 0341/566 54 42
Fax 0341/566 54 47
E-Mail info@dji.de
Internet www.dji.de

Bundeszentrale
für politische Bildung
Berliner Freiheit 7
53111 Bonn
Telefon 0228/515-0
Fax 0228/515-113
E-Mail info@bpb.bund.de
Internet www.bpb.de

Arbeitsgemeinschaft
Friedenspädagogik (AGFP)
Untere Weidenstraße 12
81543 München
Telefon 089/651 82 22
Fax 089/66 86 51
E-Mail info@agfp.de
Internet www.agfp.de

Netzwerk Friedenskooperative
(Adressen zur Konfliktbear-
beitung vor Ort, zu Mediation
und Fachseminaren)
Internet www.friedens-
kooperative.de

Bundesverband Mediation e.V.
Kirchweg 80
34119 Kassel
Telefon 0561/739-6413
Fax 0561/739 6414
E-Mail infobmev.de
Internet www.bmev.de

Aktion Courage e.V.
Kaiserstraße 201
53113 Bonn
Telefon 0228/21 30 61
Fax 0228/26 29 78
E-Mail info@aktioncourage.org
Internet www.aktioncourage.de

Aktion Gemeinsinn e.V.
Am Hofgarten 10
53113 Bonn
Telefon 0228/22 23 06
Fax 0228/21 94 09
E-Mail info@gemeinsinn.de
Internet www.gemeinsinn.de

Kidsmobbing
Telefon 0800/777 66 65
E-Mail info@kidsmobbing.de
Internet www.kidsmobbing.de

www.lehrer-online.de/dyn/
290641.htm
www.gewalt-in-der-schule.de
www.violence-in-school.info
www.schule-fuer-toleranz.de
www.polizei.propk.de

Die Autoren

Bernadette Denzinger, Studentin der Rechtswissenschaften an der Universität Köln

Jutta Falke, USA-Korrespondentin des Rheinischen Merkur, lebt in Washington, D. C. (USA)

Tilmann P. Gangloff, freiberuflicher Fachjournalist für den Bereich Medien, lebt in Allensbach am Bodensee

Christian Haneder, Doktorand in katholischer Theologie, lebt in München

Dr. Hermann Horstkotte, Privatdozent für Alte Geschichte an der Technischen Hochschule Aachen; ständiger Mitarbeiter des Rheinischen Merkur

Prof. Dr. Gerald Hüther, Neurobiologe, Leiter der Abteilung für Neurobiologische Grundlagenforschung an der Psychiatrischen Klinik der Universität Göttingen, Mitinitiator von Win-future, einem Interdisziplinären Internetforum für Erziehungs- und Sozialisationsfragen

Frank Keil, freier Journalist, Hamburg

Wolfram Knorr, Journalist, Zürich

Mechtild Kostamoinen, Lehrerin, Übersetzerin und Fremdenführerin, lebt in Mikkeli/Finnland

Josef Kraus, Oberstudiendirektor an einem bayerischen Gymnasium, Schulpsychologe, Präsident des Deutschen Lehrerverbandes; ständiger Mitarbeiter des Rheinischen Merkur

Heike Kreutz-Arnold, Journalistin in London, schreibt regelmäßig für den Rheinischen Merkur

Gabriele Kuby, Soziologin, Publizistin und Übersetzerin

Peter Maurer, studiert Geschichte und Politikwissenschaft in Bamberg.

Bernhard Mogge, freier Journalist, Köln

Dr. Birgitta Mogge-Stubbe, Leiterin des Ressorts „Bildung und Karriere" beim Rheinischen Merkur

Andreas Öhler, Literaturredakteur des Rheinischen Merkur

Astrid Prange, ständige Mitarbeiterin des Rheinischen Merkur, schreibt vor allem über Themen aus den Bereichen Wirtschaft, Politik, Christ und Welt

Professor Michael Rutz, Chefredakteur des Rheinischen Merkur

Dr. Paul Schwarz, freier Journalist, Landau

Volker Thomas, freier Journalist, Berlin und Bonn

Marc-Christoph Wagner, freier Journalist, Berlin; sein Spezialgebiet ist Europa, insbesondere Skandinavien